AF208660

Holzer ist faul

Die Geschichte spielt im legendären Frühjahr 1994 .
Nur wenige Jahre nach der vom Osten aufgepressten
Wiedervereinigung der beiden deutschen Staaten.
Was in jener Zeit geschah ist hier für alle Ahnungslosen
dokumentiert.

Hauptpersonen

Albert Klönlein	Erfinder
Constanze Sämig	Typ Nette Nachbarin
Hermann Stocher	Opfer
Herbert Schnauz	Polizeibeamter
B(r)onzo	Waschechter Ganove
Achim Schemel	Playboy
Feigl	Minister
Schüpfle	Minister
ER	Architekt der Einheit
Froiler	Ex Stasioberst
Annegret Ritter	Klasse Frau
Alexandra Ambra	Machts mit jedem

sowie

Holzer	Schuld an allem

Holzer ist faul

Teil 1 der Holzer Trilogie
über
Korruption, Sex, Neid und Wahrheit

Nach Tatsachen 94 notiert von
Christian Baumeister &
Bernhard Müller

ISBN-13: 9783837013191
Herstellung und Verlag:
Books on Demand GmbH, Norderstedt

Es war einer jener naßkalten Novembertage, wie sie so typisch waren für diesen verregneten Frühling.

Während draußen die Vögel sich gegenseitig anwiderten, Nachbars Katze Smor von Paulus, einer alten Rottweiler-Dackel-Mischung, in den noch stehenden Verkehr gejagt wurde, versuchte drinnen Albert Klönlein vergeblich eine Flasche Whiskey zu öffnen.

„Malefitz Scheißklump, dreckiges."

Reifenquietschen ließ ihn kurz inne halten, Nachbars Katze war eben auf der Straße ausgewalzt worden. Paulus wandte sich einer neuen Beschäftigung und Albert wieder seiner alten zu. Er hatte von alledem nichts mitbekommen.

Er überlegte, ob er ihr nicht einfach den Kopf abschlagen sollte, um an das Innere der Flasche zu gelangen. Verwarf den Gedanken aber wieder, aus Furcht, er könnte an einem verschluckten Glassplitter innerlich verbluten, und das wollte er nicht, nicht heute, heute war ein besonderer Tag.

„Malefitz,Scheißklump, verrecktes"

Er würde den Flaschenverschluß ganz einfach erwärmen. Dann müßte sie doch zu öffnen sein.

Mehr als zufrieden mit seiner Leistung war Paulus, hatte er es dieser Katze wieder einmal tüchtig gezeigt. Das würde sie sich merken, auf ewig.

Albert hatte eine neue Idee. Flüssigkeiten dehnen sich bei Erwärmung aus. So viel wusste er noch aus dem Physikunterricht, lag seine letzte Stunde auch schon ein gutes Dutzend Jahre zurück.

Er stellte die Whiskeybuddel in eine Schüssel, das Ganze in die Backröhre und drehte den Regler auf 250 Grad.

Seinem Plan zufolge sollte sich der Flascheninhalt soweit erwärmen, bis das Glas einen Sprung bekam und der begehrte Inhalt in die Schüssel floß.

„Hat mein Vater doch keinen Depp großgezogen.", murmelte der etwas fahrig wirkende Endzwanziger selbstzufrieden vor sich hin.

„Dann sauf' ich das Zeug aus der Schüssel, wie die Katze ihre Milch.", dachte er weiter. Apropos Katze. Wo war eigentlich das blöde Nachbarsvieh abgeblieben? Üblicherweise lieferten sich sein Hund und diese Kreatur um diese Zeit lautstarke Gefechte. Plötzlich schlug die Rottweiler-Dackel-Mischung im Vorgarten an. Also doch. Auf Paulus war eben Verlaß. Den Geräuschen nach zu urteilen mußten dem Katzenvieh gerade mindestens zehn Zentimeter Schwanz abhanden gekommen sein.

Daß es dem guten Tier in diesem Moment an gar nichts mehr fehlte, konnte er nicht ahnen. Da schellte die Türglocke. Albert erstarrte. Eiswürfel klapperten sein Rückenmark hinunter.

„Scheiße!", entfuhr es dem bleich gewordenen Junggesellen.

„Holzer. Den hab' ich ganz vergessen. Jeremias Holzer, das alte Schwein."

Mit der rechten Hand griff Albert flink in die Küchenschublade. Geübt entsicherte er seine alte NullAcht. Leise und vorsichtig bewegte er sich langsam in Richtung Haustür.

Noch wenige Schritte trennten ihn vom Eingangsportal.

Die Welt um ihn herum schien in tiefes Schweigen gefallen zu sein, lediglich das geschäftige Tipptipp einer Ameisenkolonne, welche sich einen Weg unter dem Teppich in die Küche gebahnt hatte, war entfernt aus eben der Küche zu hören.

Behutsam, einen Fuß vor den anderen setzend näherte sich Albert der Tür, brachte die NullAcht in Schußposition.

'Überraschung Holzer', noch zwei Schritte und er würde diesem Malefitzbuben endgültig... endgültig was?

Im Rachegedanken badend wurde er von den Geschehnissen überwältigt. Mit einem lauten Knall zerfetzte es zuerst die Whiskeyflasche, dann die Backröhre.

Der verspritzende Alkohol, längst zu einem Feuerball entzündet tat ein übriges. Nicht nur, dass ihm die bis dato schwer schuftende Ameisenarmada zum Opfer viel, sie verschmorte zu einem kleinen schwarzen Klumpen Chitin, auch Brotzeitbrettchen und Vorhänge konnten den Flammen nicht länger widerstehen und begannen ihrerseits das Spiel mit dem Feuer.

Von der Wucht der Explosion war Albert gegen die Haustüre

geschleudert worden und benommen zu Boden gesunken. Aus dem Treppenhaus glaubte er, sich eiligst entfernende Schritte zu vernehmen. Seinen schmerzenden Ellenbogen und den Küchenbrand ignorierend wirbelte Albert herum, riß die Tür auf und stürzte ins Treppenhaus.

Niemand.

„Schuft, elender!" plärrend rannte er mit entsicherter Pistole die Stufen hinab, das Schild „Achtung frisch gebohnert" aus dem Weg stoßend.

Constanze Sämig lief inzwischen unruhig durch ihre geräumige, überteuerte eineinhalb Zimmer-Küche-Bad-Eigentumswohnung. Vor dem Garderobenspiegel hielt sie kurz inne und überprüfte mit kritischem Blick ihre Figur. Zufrieden aber zornig fragte sie sich zum wohl hundertsiebenundzwanzigsten Male, warum sie eigentlich seit zwei Stunden auf Albert Klönlein wartete. Albert war nie pünktlich. Albert wirkte mit seiner fahrigen Art auch nicht besonders anziehend auf sie, und doch. Und doch sollte er seit zwei Stunden bei ihr sein, damit sie sich endlich über die Details des Lizenzvertrages einigen konnten, um den schon seit zweieinhalb Monaten energisch gerungen wurde. Albert, so viel mußte man ihm zugestehen, war ein genialer Erfinder, und mit seiner neuesten Entwicklung mußte ein schönes Sümmchen zu machen sein. Constanze selbst verstand wenig von technischen Zusammenhängen. Ihr Fachgebiet war Wirtschaftsjuristik, in diesem Fach hatte sie vor drei Jahren ihr zweites Staatsexamen mit Auszeichnung abgelegt.

Die überwältigende Funktionalität von Alberts neuester Idee leuchtete ihr aber ein: Ein Autobatterien-Ladegerät mit Stecker für den Zigarettenanzünder. Kein umständliches Ausbauen der leeren Batterie, kein lästiges Anschließen an eine Steckdose mehr. Bis hinauf in die Rüstungsindustrie würde diese neue Entwicklung angewendet werden und da war es schließlich, wo die dicke Kohle zu holen war. Nervös stand Constanze am Fenster. Wie blanker Hohn glotzte das Werbeplakat eines Unternehmensberaters in das Zimmer: Time is Money, Honey! Entschlossen eilte sie zu ihrem Mantel, schlüpfte hinein und hastete aus der Wohnung.

Eine solche Chance dürfte sie auf keinen Fall an die Konkurrenz verspielen. Gerade als sie ihr sportliches Nobelcoupé per Fernbedienung öffnen wollte, fiel ihr Blick auf ein elegantes Paar Schuhe des italienischen Designers Deluigi.

Die Beinkleider, eine dezent schwarze Bundfaltenhose, entstammte der Boss „Stahlblick Kollektion". Das lässig geöffnete Sakko gab ihren Blick auf einen Schweinsledergürtel der englischen Firma Dead Pork und ein japanisches Seidenhemd frei. Über der Brust baumelte eine Kette aus schwerem Goldbrokat. Constanze Sämig wusste zweifelsfrei wer in diesem Anzug steckte, noch ehe sie das Gesicht erkennen konnte. Sie tat einen Schritt auf den Mann zu und prallte in eine Wolke aus Sinappi Kaasu, DER Parfüm Kreation des mittleren Orients. Fast schon gierig sog sie den Duft ein, inhalierte tief, blies die verbrauchte Luft durch die leicht geöffneten Lippen wieder aus, um dann von neuem Duftwolken einzuatmen. Sinappi Kaasu drohte sie vollends ihrer Sinne zu berauben. Sie blickte ihn an.
„Constanze!"
Ihr Name perlte von seinen Lippen und hallte noch lange in ihren Ohren. Jetzt erst wurde Constanze bewußt, daß sie ihm beinahe anheim gefallen wäre, Achim Schemel, Nerburgs einzigem Playboy. Sicher gehörte Achim Schemel schon seit längerem zu ihrem Bekanntenkreis, Albert Klönlein hatte ihn irgendwann einmal angeschleppt, aber besonders nahe standen sie sich nie.
„Constanze"
Wieder sprach er sie an. Irgend etwas stimmte nicht, seine Stimme klang nervös. Zum ersten mal blickte sie ihm ins Gesicht. Achim trug seine Porsche Sonnenbrille, doch das linke Glas war gesplittert, es schien nur noch vom Druck der Fassung zusammengehalten. Auf der Backe erkannte sie zwei fingerdicke Striemen, die in Kontrast zu seiner sonst blassen Erscheinung standen. „Was ist denn mit dir los Achim? Squash gespielt?". Achim nahm die Brille ab und versuchte sie flehentlich anzublicken.
„Du mußt mir helfen Constanze"
Das Ladegerät! Constanze biß sich auf ihre überschminkten

Lippen, sie hatte Achim vergessen.

„Es ist die Sache mit Hermann Stocher"

Constanze öffnete den Wagen, sie hatte es plötzlich sehr eilig.

„Wenn du mir von ihm erzählen willst, steig ein."

Man mußte Constanze Sämig nicht lange am Steuer beobachten um zu bemerken, daß diese Frau es gewohnt war mit den zweihundertfünfzig PS ihres Wägelchens umzugehen. Der smarte Playboy warf ihr durch das zersplitterte Brillenglas einen bewundernden Blick zu und beschloß still für sich demnächst die Abschleppaktion „Conny" zu starten.

Laut aber fragte er: „Wohin denn so eilig, flinkes Fräulein?"

Die Schwäche für mehr oder weniger mißlungene Alliterationen des flotten Frauenhelden war stadtbekannt, man hatte sich an seine peinlichen Patzer mittlerweile gewöhnt, wie man sich mit der Zeit auch an wertlose Waschmittelwerbung gewöhnt. Constanze hatte allerdings keinen Nerv sich jetzt mit sprachlichen Feinheiten aufzuhalten. Bei ihr schrillten sämtliche Alarmglocken. Auf keinen Fall durfte sie Achim die Wahrheit sagen und noch weniger durfte sie mit ihm direkt zu Albert fahren. Es war ein offenes Geheimnis in Nerburg, daß Schemel in allerlei seltsame Geschäfte verwickelt war, und die Typen, die er als seine Partner in die Stadt brachte waren bestens geeignet, auf den Bürgersteigen Worte wie „Zuhälter« oder gar „Mafia« kursieren zu lassen. Es war gut möglich, dass Schemel von Klönleins neuer Idee nicht nur wußte sondern daran sogar mehr als bloß interessiert war.

„Zur Chemnitzer Bank, ein Date mit dem Direktor."

preßte sie zwischen den Zähnen hervor, „Aber was ist jetzt mit Hermann Stocher los, hat etwa er dich auf die Backe geknutscht? Na schieß schon los!"

Achim, den Constanzes schnoddrige Art schon immer verunsichert und beeindruckt zugleich hatte, zögerte, „Das ist eine lange Litanei. Läßt sich wohl kaum auf dem Sprung zur Bank behandeln."

„Also gut."

Constanze Sämig steuerte ihr Coupé sicher in eine Parklücke.

„Du setzt dich jetzt ins Café Coltello gegenüber und ich bin in einer Viertelstunde bei dir."

Ohne eine Antwort abzuwarten verschwand sie in dem spiegelverglasten Prachtbau und ließ den leicht zerfledderten Schwerenöter etwas irritiert zurück. Sie mußte um alles in der Welt ein wenig Zeit gewinnen und wenn möglich den seit nun fast drei Stunden überfälligen Klönlein erreichen.

„Darf ich bitte mal ihr Telefon benutzen?"

Noch im Reden griff sie zum Apparat des Bankers und wählte Albert Klönleins Nummer. Doch der Anschluß war belegt.

Ohne Klönlein hatte es keinen Sinn bei der Chemnitzer zu warten, er war im Besitz sämtlicher Papiere. Um ihre innere Spannung abzubauen bohrte Constanze Löcher in das Holztischchen des Telefons und überlegte. Wo konnte Klönlein um diese Zeit stecken? Keine Ahnung wie lange sie nun schon die Holzverkleidung malträtierte, als sie durch den entstehenden Tumult wieder ihrer Umwelt gewahr wurde. Die vor den Schaltern wartenden Menschen lösten sich und strebten neugierig dem Ausgang zu. Constanze glaubte von draußen Martinshörner zu vernehmen.

„Als ob die noch nie einen Verkehrsunfall gesehen hätten" zischte sie den Bankmann an und ließ ihn mit seinem durchlöcherten Telefontisch zurück um Schemel abzuholen. Als sie aus der Chemnitzer Bank trat schien es kein Weiterkommen mehr zu geben. Direkt gegenüber des Geldinstitutes befand sich das Café Coltello, vor dem Café waren zwei Streifenwagen und ein Notarztwagen aufgefahren. Die Polizei hatte alle Mühe die Schaulustigen zurückzudrängen.

„Es ist nichts, bitte gehen Sie weiter" tönte es aus dem Polizeilautsprecher.

„Von wegen is nichts!" maulte ein Mann neben Constanze, „alles voll Blut, lauter Tote, hab's doch gesehen".

Constanze boxte sich durch die Menge.

„Hier ist leider kein Durchgang, junge Frau" der Beamte an der Absperrung versuchte sie zurückzuhalten. Sein Kollege hatte inzwischen den Text geändert .

„Mann! Verpisst euch!" brüllte er in den Verstärker.

„Mein Freund, mein Freund war im Coltello!", mehr als besorgt blickte sie dem Oberwachtmeister ins Gesicht. Zwei Sanitäter verließen, eine Bahre tragend, das Café.

„Der einzige, mehr waren nicht drin". Der Polizist quittierte mit einem Nicken.

„Ist er tot?" Constanzes Stimme bebte.

„Nein, noch nicht ganz, zumindest das, was von ihm übrig blieb zuckt noch ein wenig". Mit einem Schritt stand der Beamte neben die Bahre und schlug das Laken zurück.

„Ist das Ihr Freund?", er kam auf Constanze zu. Beim Anblick des Verletzten begann Constanzes Magen zu rebellieren. Um ihr Kleid nicht zu versauen übergab sie sich kurzerhand in den offenen Hemdkragen des Polizisten. Bevor der reagieren konnte hatte sie auf dem Absatz gedreht und stapfte durch die verblüffte Menge zu ihrem Wagen zurück. Sie hatte den noch zuckenden Körper erkannt. Es war Hermann Stocher.

Constanze ließ sich total erschöpft in den schwarzledernen Fahrersessel ihres Wagens fallen. Sie war völlig verwirrt. Was angefangen hatte wie ein ganz normaler Wochentag hatte jetzt alle Merkmale eines zünftigen Infernos. Was war im Café Coltello passiert? Wer hatte Hermann Stocher derart übel zugerichtet? Ihr wurde schon wieder schlecht als sie sich den Anblick des entstellten Körpers ins Gedächtnis zurückrief. Und wie kamen die Reste von Achim Schemels zertrümmerter Sonnenbrille in die Reste der zusammen gekrampften Hand von Hermann Stocher? Wo war Achim überhaupt, sollte der doch im Café auf sie warten? Constanze wurde abrupt aus ihren schwirrenden Gedankenfetzen hochgerissen, als jemand rüde an die Scheibe des Nobelcoupés donnerte. Ihr verfinstertes Gesicht erhellte sich jedoch schlagartig als sie durch das Glas Torsten Fahrspitz erkannte. Torsten war ein sehr guter Freund und wohl der einzige, der noch nie versucht hatte bei ihr zu landen. Gerade das schätzte sie an dem hochgewachsenen Fotografen und auch deshalb vertraute sie ihm völlig.

„Torsten, wie gut dich zu sehen!" Geschwind öffnete sie ihm die Beifahrertür und Torsten schlüpfte schnell in den Wagenschlag, ein kleines Arsenal von Kameras und Blitzgeräten vorsichtig im Fußraum verstauend.

„Tach Conny. So, die Bilder für die „Nerburger Neuesten« sind im Kasten. Aber sag an, was tust du denn hier?"

„Gute Güte, das ist nicht so einfach zu erklären.", gab Constanze Sämig Auskunft.

„Eigentlich suche ich Albert, aber..."

„Stop, Constanze, Stichwort Albert. Da muß ich dich wohl auf den neuesten Stand der Dinge bringen. Von Alberts Wohnung komme ich gerade hierher. Oder vielmehr von dem schwarzen Loch das jetzt da ist wo vorher Alberts Wohnung war."

„Wie bitte?" Constanze wurde schwarz vor den Augen.

„Ja, vor einer Dreiviertelstunde ist Alberts Wohnung explodiert. Es sah schlimm aus, ehrlich." Das war zuviel für Constanze Sämig. Ohnmächtig sank sie, halb auf den Fotografen fallend, zusammen.

Währenddessen hatte Albert Klönlein ganz andere Sorgen.

Sein Sturzflug die frisch gebohnerte Treppe hinab hatte zwar nur einige wenige Sekunden gedauert, aber der in dieser kurzen Zeit, an ihm entstandene leibliche und seelische Schaden war doch enorm. Gleich auf der obersten Stufe hatte Albert auf dem glitschigen Untergrund die Haftung verloren und war händeringend zwei Treppen tiefer gepurzelt. Bei seinem Versuch wieder auf die Beine zu kommen drückte er versehentlich den Abzug seiner NullAcht, die er immer noch verkrampft in der Hand hielt.

Der Knall ließ Albert in die Höhe fahren und er krachte mit der linken Schulter in das Treppengeländer, dieser Schlag brachte ihn abermals aus dem Gleichgewicht und die Schwerkraft donnerte seinen zerschundenen Körper rücklings auf die Stufen. Albert vollführte einen unfreiwillige Rolle rückwärts prallte gegen die Wand, wurde zurückgestoßen und nahm nun den Rest der Treppe ohne die Kontrolle über seine Muskulatur zurückzuerlangen.

Als er endlich in ganzer Länge auf dem kalten Marmor aufschlug wußte er, dass er es geschafft hatte, er lag im Hausflur. Die Haustüre stand offen , die Sonne blendete herein. Albert wagte es erst gar nicht an sich herunterzublicken. Nachdem er einige Zeit gelegen hatte rappelte er sich auf, erstaunt, scheinbar nichts gebrochen zu haben. Durch das große Flurfenster blickte eine jämmerlich zugerichtete Gestalt zu Albert herein. Er wünschte diesen Kerl weiß Gott wohin. Es dauerte eine Weile bis Albert Klönlein merkte, dass er es war der scheinbar hereinblickte, sein Spiegelbild im großen Fenster. Er mußte hier weg, bevor Polizei und Feuerwehr erschienen und ihm unangenehme Fragen stellten, und dass sie das taten, das wußte er aus unzähligen Fernsehkrimis. Er brauchte Ruhe für seinen schmerzenden Körper und um sich über seine weitere Vorgehensweise klar zu werden. Die NullAcht in den Hosenbund steckend humpelte er in den Kohlenkeller und ließ sich auf einem Sack Briketts nieder. Wenig später stürmten Polizei und Presse seine Wohnung. Als Albert wieder erwachte sah er sich mit einem neuen Problem konfrontiert.

Langsam bewegte er seine Füße.
„Naß!", dachte er, und, „Tief", war sein zweiter Gedanke. Rund eine Achtelsekunde später hatte Albert diese beiden Worte mit dem Begriff Kohlenkeller verbunden und stand auf einem Stapel Briketts. Um ihn herum gurgelte schwarzes, irgendwie schäumendes Wasser. Die Brühe stand bereits über einen halben Meter hoch und mit jeder Sekunde stieg der Pegel um die Höhe eines Briketts. Albert sah sich um. Er war wieder topfit. Er mußte hier raus. Dringend. Zur Treppe konnte er nicht, da würde er dem erstbesten Polizisten oder Feuerwehrmann geradewegs in die Arme laufen. Seine Augen blieben an einem Kellerfenster in der gegenüberliegenden Wand hängen. Das Fenster zeigte auf den Hinterhof. Das konnte gehen. Hektisch watete er durch das Wasser, das ihm inzwischen schon bis zum Nabel reichte, auf das Fenster zu. Es dauerte eine kleine Weile bis Alberts zitternde Finger das Fenster und das schützende Blechgitter davor geöffnet hatten. Mit einiger Mühe zog er sich an dem schmalen Sims hoch und steckte den Kopf vorsichtig ins Freie, die Lage sondierend. Keiner da. Mit einem Ruck zog er sich ganz aus der Fensteröffnung und wollte gerade über das Hofmäuerchen

klettern, als ein laut plärrender Feuerwehrmann um die Hausecke geeilt kam.

„Achtung, Achtung, Einsturzgefahr, bitte verlassen Sie sofort das Gelände!"

Langsam wurde es Albert zuviel.

„Was glauben sie denn was ich hier mache?", schrie er den verdutzten Mann mit dem viel zu großen Helm an.

„Turnübungen, oder was?" Von diesem Wutausbruch jedoch bekam der Spritzenmann nichts mehr mit. Der war schon wieder, furchtbar wichtig „Achtung, Achtung!" grölend um die nächste Hausecke verschwunden.

Kopfschüttelnd überwand Albert vollends die Mauer. Zwei Dinge brauchte er jetzt: Ein Bad und trockene Klamotten. Sich alle paar Schritte umdrehend trottete er die Straße hinab und hielt kurz vor einem Bungalow inne, ehe er das Grundstück betrat. In diesem Bungalow wohnte Annegret Ritter, eine nicht unattraktive Frau um die dreißig. Sie hatte Albert auf dem letzten Straßenfest nach einigen Schoppen Riesling richtig nett zugezwinkert. Sie konnte er sicher um Hilfe bitten. Um keine Umstände zu machen ging Albert Klönlein stracks zur halb offen stehenden Terrassentür und klopfte vehement gegen die Scheibe.

Nichts tat sich. Klönlein trat von der Tür zurück und begann das Haus mit langsamen Schritten zu umrunden. Nach wenigen Minuten stand er wieder vor der Terrassentür. Sollte er einfach so hineingehen? Er mußte schleunigst aus seinen nassen, kohleverschmutzten Klamotten, oder er würde sich hier den Tod holen. Vorsichtig zog er die Tür auf und glitt ins Wohnzimmer. Er blieb einen Moment stehen um sich zu orientieren, niemals zuvor war er in Annegrets Wohnung gewesen. Das Zimmer war in einem hellen, fast leuchtendem Weiß eingerichtet, selbst der Teppich wirkte irgendwie jungfräulich. Albert brachte das Gesehene mit seinem Zustand in Verbindung, das Ergebnis ließ ihn erschaudern. Er wagte es kaum an sich herunter zu blicken. Was er sah bestätigte seine Ahnung. Seine kohleverschmutzte, klitschnasse Hose tropfte eifrigst vor sich hin und hatte bereits einen Kranz schwarzer Flecken um ihn herum gebildet, der

Dreck von seinen Schuhen war größtenteils abgefallen und in den Teppich gesickert. Albert zog Schuhe und Hose aus und warf beides auf die Terrasse. Nur mit Unterhose und Sweatshirt bekleidet setzte er seinen Weg in Annegrets Wohnung fort. Er hatte gerade die Hälfte des Wohnzimmers durchmessen, da ließ ihn ein Knacken herumfahren. Aber niemand war zu erkennen, wieder knackte es, gefolgt von einem Rauschen. Albert glaubte sich bei diesem Geräusch an etwas zu erinnern. Er schlich in Richtung der Geräuschquelle, wieder knackte es, diesmal war er sich sicher, das Geräusch kam aus dem Wandschrank. Nach allen Seiten spähend öffnete er das Möbel. Vor ihm stand eine komplette Funkanlage, kein CB Spielzeug, sondern eine olivgrüne Funkanlage, wie er sie von seiner Dienstzeit bei einer BW Fernmeldetruppe her kannte. Was um Gottes Willen tat Annegret mit dieser Anlage, die es ermöglichte mehrere hundert Kilometer weit zu funken? Plötzlich wurde die Eingangstüre geöffnet und Stimmengewirr war aus dem Flur zu hören. Die Sprechenden, es handelte sich um zwei, kamen offenbar auf das Wohnzimmer zu. Der spärlich bekleidete Albert verschloß den Schrank und wollte eben über die Terrasse fliehen, als er im gegenüberliegenden Wandspiegel die Personen auftauchen sah. Zu spät. Er öffnete die Tür zum Kleiderschrank, sprang hinein und erkannte, dass er nicht von verschiedensten Stoffen, dafür aber von verschiedensten Folterwerkzeugen umgeben war. Es blieb keine Zeit das Versteck zu wechseln. Die beiden Personen hatten bereits im Wohnzimmer Platz genommen. Albert spähte durch die Luftschlitze und erkannte den Rücken einer Frau, sowie ihren, ihm wohlbekannten, Gesprächspartner. Der Mann war offensichtlich äußerst verwirrt und hatte Mühe still zu sitzen, seine linke Hand schien verletzt.

„Verdammt, wie konnte das nur schiefgehen.." begann Achim Schemel.

Albert kauerte sich unwillkürlich noch tiefer in den Schrank und streifte mit seiner Stirn dabei einen weichen Stoffetzen. Als er das Teil, so gut es bei der Zwielichtbeleuchtung in seinem Kabuff eben möglich war, näher untersuchte stellte er fest, dass es eine erstaunliche Ähnlichkeit mit diesen spitzen Henkersmasken hatte, die er öfters in den alten Spielfilmen sah mit denen sich seine Tante tagein tagaus berieseln ließ. Seine wandernden Gedanken deckten sämtliche Anwendungsgebiete einer solchen Maske von Sexueller Perversion bis zu Ku-Klux-Klan ab, als das Gespräch der beiden anwesenden Personen im Zimmer seine gesamte Aufmerksamkeit zu fordern begann.

„Achim," preßte Annegret Ritter gerade sehr hektisch, aber immer noch mit einem Rest ihres bezaubernden rheinländischen Akzents, zwischen den Zähnen hervor, „du mußt unbedingt schleunigst verschwinden. Wir dürfen uns jetzt auf gar keinen Fall eine Blöße geben, keinen Fehler machen." Achim Schemel hatte sich unterdessen auf die ausladende Sofalandschaft plumpsen lassen. Er sah bleich und irgendwie müde aus. Er nickte langsam und starrte verloren auf seine jetzt schon schwächer blutende Hand. Der Satz, der nun folgte jagte dem im Schrank Lauschenden die nächste Adrenalindosis in die Schläfen. Etwas heiser aber klar vornehmlich sagte Annegret:

„Auf gar keinen Fall darf Holzer von der Sache erfahren. Wenn der erst rauskriegt, dass auch du hinter Klönlein her bist, na dann Tschö!"

Einer von diesen nutzlosen Angstreflexen ließ Albert zusammenfahren und unglücklicherweise stand dieser Bewegung ausgerechnet ein mit Ketten behangenes Holzgerüst im Wege, welches auch unverzüglich und unter großem Getöse umfiel und Albert Klönlein unter sich begrub.

Albert versuchte sich zunächst hektisch, eine Zehntelsekunde später, panisch aus dem Kettenverhau zu befreien. Eine der beiden Personen war aufgesprungen und kam deutlich hörbar auf den Schrank zu.

„Ist da jemand im Schrank?" Schemels Stimme klang so, als erhoffe er ein lautes ‚Nein'.

„Jetzt sieh endlich nach und wenn ja, dann mach den Kerl fertig!" Erstaunlich, welche Härte die Stimme der, ach so sympathischen Annegret annehmen konnte. Klönlein gelang es die Ketten am Schrankboden zurückzulassen, er tastete im Dunkel des Möbels herum. Wieder fühlte er den Stoff zwischen seinen Fingern. Mit einem Ruck zog er sich die Kapuze über und griff beidhändig nach den erstbesten Waffen, einem Morgenstern zur linken und ein Ninja-Schwert für die Rechte.

„Jetzt reiß endlich die verdammte Tür auf!"

Albert handelte. Einen Urschrei ausstoßend rammte er genau in dem Moment gegen die Tür, als Schemel sie zu öffnen versuchte. Schemel kippte nach hinten, warf einen Blick auf die angreifende Gestalt und flüchtete sich in einen Ohnmachtsanfall. Im Raum stand ein schreiender, mit Unterwäsche und Henkerkapuze bekleideter Albert. Während er den Morgenstern über seinem Kopf kreisen ließ, durchteilte er die Luft um ihn herum mit seinem Schwert. Annegret saß versteinert auf der Couch. Den Blick starr auf ihn geheftet. Langsam schritt Albert über den bewußtlosen Schemel hinweg, auf Annegret zu. Heftigst bedacht, sich mit den Waffen nicht selbst zu verletzen. Auf Höhe der Balkontür hielt er inne, drehte sich um und rannte auf die Terrasse hinaus. Frei! Im Übermut köpfte er noch einige Gladiolen und verschwand dann hinter der Ligusterhecke. Im Haus, Annegret immer noch starr sitzend, begann sich Achim wieder zu bewegen.

„Ist, ist das Ding weg?"

Annegret überhörte ihn, was war das gewesen? Irgend etwas stimmte nicht, sie glaubte etwas erkannt zu haben, aber was? ...

Die Tatsache, dass gerade ein leichtbekleideter Unbekannter in obskurer Verkleidung durch ihr Schlafzimmer getanzt war hatte Annegret längst verdaut, so schien es wenigstens. Während sie noch versuchte sich an diesen bekannten Unbekannten zu erinnern, schritt sie schon voller Tatkraft zum Schrank und begann geschickt die Funkanlage zu bedienen.

„Ivanhoe für Artus, bitte kommen! Ivanhoe für Artus, bitte kommen!" Nach einigem Fiepsen und Knacken tönte eine tiefe Männerstimme mit südländischem Akzent aus dem Lautsprecher.

„Hier sprikt Artus, komen."

Kurz und bestimmt gab Annegret Ritter ihre Botschaft durch.

„Parzival hat den Gral verfehlt. Benötige Ikarus für Don Quichotte, im Burggraben wie üblich. Ende."

„Fersdanden Ivanhoe, Ikarus in Burkraben. Ende."

Annegret wandte sich wieder dem verdutzten Achim Schemel zu.

„Los jetzt, wir haben keine Zeit zu verlieren, komm mit."

Mehr in Trance als in freiem Willen folgte Achim der energischen Annegret zu ihrem Kleinwagen und ließ sich widerstandslos in den Beifahrersitz fallen. Erst als sie sich schon auf der vierspurigen Ausfallstraße Nerburgs befanden hatte sich der desorientierte Playboy wieder einigermaßen gefangen.

„Wohin soll uns die flotte Fahrt eigentlich führen, Annegret?", erkundigte er sich zaghaft.

„Ich habe dir doch gesagt, du mußt verschwinden,", erwiderte Annegret Ritter ungeduldig.

„Wir fahren jetzt zu einem kleinen Gutshof in der Nähe, dort wartet ein Sportflugzeug auf dich, und in ein paar Stunden bist du außer Landes." Während der perplexe Playboy noch überlegte ob er wohl gerade richtig gehört hatte, fiel es Annegret wie Schuppen von den Augen: Die Narbe! Diese unvorteilhaft verheilte Narbe an der Wade des Fremden! Der Kapuzenmann war kein anderer gewesen als Albert Klönlein selbst!

Zügig fuhr Annegret in Richtung Industriegebiet. Sie wirkte hochkonzentriert und äußerst wütend, so dass Achim nicht den Mut aufbrachte, sie nach dem genauen Ziel zu fragen. Das Industriegebiet im Osten den Nerburgs hinter sich lassend, fuhr Annegret weiter auf der Bundesstraße 317 Richtung Dünkenberg.

„Erschreck nicht, wir fahren die nächste Kurve andersrum!"

Annegret gab Gas und bog in einen Feldweg ein. Aus den Augenwinkeln konnte Achim den Wegweiser lesen Höllenhof 3 km.

Er wurde noch kleiner auf seinem Sitz. Eine Staubfahne hinter sich herziehend raste der rote Fiesta auf die einzelstehenden Gebäude zu. Vor einem monströsen alten Herrenhaus würgte Annegret den Motor ab.

„Los raus, Bronzo wartet schon".

Achim wand sich aus dem Sitz und trabte hinter Annegret her.

Beide umrundeten das Gebäude und Achim erkannte eine provisorische Piste, an deren einem Ende ein Doppeldecker stand. Annegret stapfte darauf zu, gewiß, Achim würde ihr folgen. Aus dem Cockpit der Maschine stieg ein dunkelhaariger, schwergewichtiger Mann, der Achim spontan an einen Sumoringer erinnerte.

„Bronzo!"

Es war Annegret. Freudestrahlend lief sie auf den Dicken zu.

„Ahhh, bella Anne!!" Der Bronzo Gerufene schwang die Arme in die Höhe und winkte. Für Achim wurde es langsam zuviel, er ließ sich ins Gras plumpsen und beobachtete beide Personen aus etwa 152 Meter Entfernung. Wild gestikulierend versuchte Annegret dem dicken Bronzo irgendetwas klarzumachen, wobei sie mehrmals in seine Richtung deutete. Bronzo kratzte sich am Kopf und schien zu nicken, worauf Annegret Achim durch Zeichen zu verstehen gab, dass er sich zu ihnen begeben sollte.

Achim dachte nicht daran, zum einen wollte er nicht ins Ausland, zum anderen hatte Nerburgs Möchtegernschwerenöter panische Angst vor dem Fliegen. Er blieb sitzen. Als er den Blick wieder Richtung Flugzeug hob, sackte ihm sein Herz in die Hose.

Annegret und dieser unförmige Fleischklotz kamen sehr entschlossen auf ihn zu, während ein zweiter Mann, der eben erst dem Flugzeug entstiegen sein mußte, allem Anschein nach die Maschine startklar machte. Es schien ernst zu werden. „Achim, los jetzt, beeil dich, ihr müßt in einer Stunde den deutschen Luftraum verlassen haben!", herrschte Annegret Ritter ihn an.

„Glaubst du denn nicht dass Panik jetzt völlig verkehrt wäre? Geht das nicht alles ein bißchen sehr schnell?"

Fragte der lädierte Lebemann nervös zurück.

„Unsinn, du weißt genau was dir blüht wenn dich Holzers Leute erst erwischen. Komm jetzt, mach zu!"

Ganz überzeugt wurde Achim Schemel erst als er aus den Augenwinkeln beobachtete wie der grobschlächtige Bodyguard wie zufällig sein Jackett zurückschlug und darunter eines dieser häßlichen Geräte sichtbar wurde, das so ungesunde Löcher in kurz vorher noch sehr gesunde Menschenkörper machen konnte.

Niedergeschlagen ergab er sich in die Situation und trottete mit zum Flugzeug das schon mit laufenden Motoren darauf wartete in Achim Schemels Magen dieses bestimmte Übelkeitsgefühl zu erzeugen.

„Bronzo und Giulio werden dich an einen sicheren Ort bringen, an dem du erst mal bleibst bis sich die Wogen hier wieder etwas geglättet haben. Es wird dir nichts geschehen, vertrau mir.", gab Annegret letzte Instruktionen.

Achim Schemel war, was seine Sicherheit, betraf ein klein wenig anderer Ansicht, vor allem nach dem er das Fluggerät und seine beiden neuen Reisebegleiter etwas näher betrachtet hatte. Mit äußerst gemischten Gefühlen nahm er auf der Passagierbank hinter den beiden Pilotensesseln platz und schon bald sah er Annegeret neben ihrem Kleinwagen nur noch als winzigen weißen Punkt auf einer vom Dämmerlicht ins Unwirkliche getauchten Wiese stehen.

Mit zunehmender Flughöhe sank Schemels Lebensmut. Er wagte es erst gar nicht aus dem Flugzeug hinab zu blicken. Pilot und Co-Pilot schwiegen vor sich hin und schauten angestrengt hinaus in das Rot der untergehenden Sonne. Bronzos fleischige Finger hielten das Steuer fest umklammert. Endlich schien die Maschine mit ihren drei mehr oder weniger freiwilligen Passagieren die richtige Flughöhe erreicht zu haben, das Vibrieren hatte nachgelassen. Schemel warf einen Blick aus dem Fenster und bereute es im selben Augenblick, es getan zu haben. Unter ihnen nur grüne und braune Felder, die von mehreren blauen Bändern und Klecksen durchsetzt waren. Schemel wandte den Kopf und starrte nach vorne. Er begegnete Giulio's Blick, der ihn unverhohlen musterte und dann ein breites Grinsen aufsetzte. Auf Schemel wirkte es nicht sehr beruhigend, vorallem als Guilio sich zu Bronzo drehte und diesem irgendetwas ins mächtige Ohr brüllte. Das Dröhnen des Flugmotors machte es Schemel unmöglich alles zu verstehen, lediglich einige Fetzen drangen zu ihm durch „...hok genuk...haha..wo..i..allschirm...arm...Tr..pf.." Guilio begann nach irgendetwas unter seinem Sitz zu greifen. Mir hochrotem Kopf zerrte er an einem, wie es Schemel schien,

Leinensack, und wankte dabei so stark hin und her, dass Achim fürchtet, er könnte Bronzo ins Steuer fallen.

„Mama mio" stöhnte Guilio als er leicht erschöpft zwei rucksackähnliche Gebilde empor hielt.

Ohne sich um die Steuerung zu kümmern griff Bronzo mit beiden Händen nach einem dieser Säcke, beugte sich nach vorne und schnallte ihn sich auf den Rücken, gleiches tat Guilio. Schemel glotzte und langsam schien er zu begreifen.

„W..w..wwwas soll das?"

Er grabschte unter seinem Sitz herum, nichts.

„Err Scheme', nett Sie gekann' su haben" Bronzo konnte sich sein Lachen nicht verkneifen. „Angenehmen Flug" Mit diesen Worten erhoben sich beide Unholde aus Ihren Sitzen und stürmten auf die Seitentür zu.

„Halt ihr Schweine!!" Schemel war ebenfalls aufgesprungen und klammerte sich an Guilios Fallschirm.

„Dumme' Mann" grunzte Bronzo und rammte Schemel die Faust in den Magen, dieser purzelte in den Rückraum der Maschine. Als er die Augen öffnete war er allein, über den Wolken.

Achim Schemel war sich zwar sehr schnell seiner Situation bewußt, gefallen wollte sie ihm jedoch ganz und gar nicht. Er erinnerte sich eine ähnliche Szene schon mal in einem dieser übertriebenen Agentenfilme gesehen zu haben, in dem der Held stets leise lächelnd zahllose schmierige Bösewichter erledigt, bevor er sich einer lächerlich großen Zahl der gutaussehendsten Fotomodelle widmen kann.

Irre cool. - COOL!

Das war es! War es nicht dieses Wörtchen, dem er vor langer Zeit einmal sein Leben verschrieben hatte? Hatte er sich damals nicht Luxus, Lässigkeit und Laster verschrieben? Und verhielt er sich nicht im Moment ganz so wie er sich als pickliger Fünfzehnjähriger in dieser Situation verhalten hätte? Ein Ruck ging durch den Körper des permutierten Playboys und im nächsten Augenblick saß er im Pilotensessel der Maschine und begann hastig nach etwas zu suchen, dass man eventuell für ein Funkgerät halten konnte. Endlich hatte er ein paar Knöpfe gefunden die auf sein Drehen mit verheißungsvollem Knacksen in irgendeinem Lautsprecher reagierten. Einfach drauflossprechend begann er einen Hilferuf abzusetzten. Auf seine ureigene Art selbstverständlich

„Schemel sendet S.O.S.! Möchte mein Mayday melden!«

Die Antwort kam nach einigen ähnlichen Funksprüchen und sie fiel ein wenig anders aus als es Achim Schemel sich erhofft hatte.

„He, du besoffener Idiot, verkrümel dich aus der Notruffrequenz und mach deine Scheißreime woanders! Aber plötzlich!"

„Mein Herr, ich darf Sie darauf hinweisen, dass ich weder dichte noch scherze."

Erwiderte Schemel, sehr froh wenigstens irgendeine Antwort zu erhalten.

„Es wird sie aber vielleicht interessieren, dass ich mich momentan alleine in einem Sportflugzeug gut und gerne fünftausend Meter über dem Boden befinde, aber nicht die geringste Ahhhggghh…"

Weiter kam Schemel nicht. Das Flugzeug tauchte durch ein Luftloch urplötzlich nach unten weg, Achim Schemel wurde heftig aus seinem Sitz nach vorne geschleudert und schlug mit der Stirn hart an der Frontscheibe des Cockpits auf. Langsam glitt der bewußtlose Körper des leblosen Lebemannes auf den Kabinenboden während aus dem Lautsprecher weiter die Stimme des Funkers knisterte.

„He, was ist da oben los? Hallo, hören Sie mich? Melden Sie sich bitte!"

Schemel war weit davon entfernt irgendetwas zu hören. Führungslos schoß die Maschine durch die Wolken und in immer stärkere Turbulenzen. Wäre Nerburgs Playboy bei Bewußtsein gewesen, hätte er sich sicher bereits übergeben. Zwei Gestalten hatten dies schon hinter sich.

„Oh mei Gott, wie'e das schauke'" stöhnte Bronzo und blickte auf seine Stiefelspitzen. Eine Spur von Erbrochenem führte von ihnen zu seiner Brust hinauf. Wieder packte ihn der Wind und begann heftigst an seinem Fallschirm zu schütteln, wieder spie er einen Schwall hinab auf die unter ihm liegenden Äcker und natürlich auf seine Stiefel. Er hatte jeglichen Kontakt zu Guilio verloren. Wie ein Mehlsack hing er in den Seilen und wurde von den immer stärker werdenden Winden hin und her geworfen. Er hatte heute extra gut gegessen, so dass er noch jede Menge zu kotzen hatte. Zum Glück sank er langsamer als sein freigesetzter Mageninhalt, ihm wurde schon wieder übel als er an das Bild dachte, das Guilio bot, als er kurz nach dem Abspringen würgte und in seinem eigenen Erbrochenem versank. Wieder schleuderte der Wind ihn herum. Was er da sah ließ ihm sogar seinen Magen vergessen. Bronzo traute seinen Augen nicht. Ein Flugzeug raste auf ihn zu, nicht ein Flugzeug, das Flugzeug, seine verlassene Maschine. Entweder hatte Schemel das Steuer übernommen, oder aber der Sturm hatte den Flieger umgelenkt. Bronzo kam gar nicht dazu die Lösung zu finden. Die Maschine war zu nah, Bronzo konnte nicht einmal schreien, der Ruck, mit dem das Flugzeug in den Schirm raste und der Propeller sich in den Seilen verfing verspannte das Traggestell und preßte ihm die Luft aus den Lungen. Das Flugzeug jagte davon, den unglücklichen Semikriminellen im Schlepptau. Bronzos vollschlanker Körper wurde angehoben und klatschte gegen die Bordwand. Beim dritten Aufprall gab die Verkleidung nach und Bronzo landete im Inneren des Flugzeugs.

Außergewöhnlich flink rappelte sich der gebeutelte Bodyguard hoch und befreite sich geistesgegenwärtig aus den Tragegurten seines Fallschirms. Verblüffenderweise schien der korpulente Übeltäter die Vorfälle der letzten Augenblicke äußerlich unbeschadet überstanden zu haben. Und nicht nur das. Mit einem Geschick, das niemand dieser gewaltigen Fleischmasse zugetraut hätte, hangelte sich Bronzo, unterstützt von immer krasseren Schräglagen des Flugzeugs, nach vorne, oder besser nach unten ins Cockpit der Maschine. Er zwängte sich hinter den Copilotensitz, Schemels immer noch leblosen Körper rabiat zur Seite stoßend. Verzweifelt versuchte er die Maschine in einen kontrollierbaren Zustand zu bringen. Ein schweres Unterfangen, da der Motor durch die in die Schraube gewickelten Fallschirmteile abgewürgt worden war. Es gelang dem Mann jedoch nach kurzem Gerangel mit dem Steuerknüppel das Sportflugzeug auf etwas zu bringen, was man bei einigem guten Willen als stabilen Gleitflug bezeichnen konnte.

Jetzt war auch wieder deutlich durchs Cockpit zu hören was während der Turbulenzen gar nicht wahrzunehmen gewesen war.

„Hallo, was ist los da oben? Identifizieren sie sich? Ich fordere das unbekannte Sportflugzeug auf sich zu melden! Hallo! Antworten sie!", war eine Stimme aus dem Lautsprecher des Funkgerätes zu vernehmen.

Bronzo beschloß dieses Problem zu ignorieren und versuchte erst einmal den Flugzeugmotor wieder zu starten. Wie wild traktierte er den Startknopf, aber die Maschine wurde noch immer von einem halben Fallschirm am Anlaufen gehindert.

„Hilfe. Bitte, ich bitte sie, holen sie mich heil hier runter!"

Wie von der Tarantel gestochen fuhr Bronzo herum. Achim Schemel hatte sich wieder hochgerappelt, sich des Funkgerätes bemächtigt und mit schwacher Stimme den Hilferuf absetzen können. Mit einem Ruck riß der ärgerliche Rüpel das Mikrofon aus Schemels Hand und das Kabel aus den Armaturen und warf es in den Rückraum der Maschine. Als er wieder nach vorne sah nahm er gerade noch wahr wie zwei Schatten mit unheimlichem Getöse an der Scheibe des Cockpits vorbeihuschten. Wäre er aufmerksamer gewesen hätte er die Schatten unschwer als zwei Jagdflugzeuge ausmachen können, die geschickt worden waren sich um das seltsame Flugobjekt zu kümmern.

Hauptmann Kurt König, Pilot beim Jagdgeschwader 211 Nerburg, konnte nicht glauben, was er eben gesehen hatte.

„Hornisse Zwo, hier Hornisse Eins kommen!"

Über Funk rief er nach seinem Begleitflugzeug.

„Hier Hornisse Zwo kommen"

„Hier Eins, konnten Sie eben erkanntes Objekt identifizieren? Kommen" „Negativ, irgendwie formlos. Kommen"

„Hier Eins, wir drehen bei und überfliegen Unbekanntes Flugobjekt noch einmal. Ende"

Am Himmel beschrieben die beiden hochgerüsteten Jets eine

180 Grad Wende und schossen auf das Sportflugzeug zu.

Der verheddete Fallschirm, die eingebrochene Seitenwand und der ansonsten desolate Zustand der Maschine verhalfen ihr zu einem gar nicht flugzeugähnlichem Äußeren.

Bronzo zuckte in sich zusammen als die beiden Düsenjäger über ihn hinwegdonnerten.

„Scheiße" brummte er, der sich seiner Lage bewußt wurde und erschrak, als Schemels Arme ihn von hinten umfingen. Noch mehr erschrak er, als Schemel ihm einen Kuß auf die Wange preßte.

„Sie sind da! Hurra, die Kavallerie kommt, uns zu retten"

„Da' isse die Luftwaffe du Trotte'"

Bronzo stieß Schemel von sich, der purzelte wieder zurück in den ihm mittlerweile bekannten Rückraum der Maschine, ohne diesmal jedoch in Ohnmacht zu fallen.

„Was macht das schon, ob Kavallerie oder Luftwaffe, Hauptsache die holen mich hier raus"

Schemel saß am Boden und glotzte auf den riesigen braunen Rücken des Piloten.

„Hornisse Zwo hier Eins, kommen"

„Hier Zwo, kommen"

„Ich werde eine Meldung an Bienenstock absetzen, sieht verdammt ungewöhnlich aus. Ende"

Flugzeugführer König suchte nach den richtigen Worten, um das Objekt treffend zu beschreiben. In der Hektik hatte er sein ‚Schlagworteinmaleins des Offiziers' im Spind zurückgelassen.

„Bienenstock hier Hornisse Eins, kommen"

„Hier Bienenstock, kommen"

„In Luftraum eingedrungenes Objekt bis jetzt nicht identifizierbar. Merkwürdig quallenartiges Äußeres. Entweder ist es ein Tarnkappenbomber, oder.."

König zögerte, die letzten Worte hauchte er verschwörerisch ins Mikrophon …

„..ein UFO! Kommen"

Der Leutnant in der Flugleitzentrale wandte sich an den hinter ihm stehenden Sicherheitsoffizier.

„Geben Sie Alarm für Luft-, Boden-, Seestreitkräfte, die

Marsmenschen kommen.“

„Ih muse diese Kiste so snell wie möklich runte‘bringe‘,“,
brabbelte der vollschlanke Bronzo mehr vor sich hin als er es zu
Schemel sagte, „bevo‘ sie uns bekomen.“
Im Gleitflug, noch immer war der Flugzeugmotor außer Betrieb,
ließ der vierschrötige Pilot die Maschine sinken, auf etwas zu, was
man bei der schon fast völligen Dunkelheit im Mondlicht gerade
noch als ein Getreidefeld an einem Waldrand ausmachen konnte.
Es genügt wohl die Landung kurz und treffend als kontrollierten
Absturz zu bezeichnen. Das Flugzeug schlitterte, durch die
Getreidehalme gebremst, nach vorne übergekippt auf den Wald
zu und blieb mit einem schrecklichen abschließenden Krach
im Gestrüppsaum der Bäume liegen. Völlig unvermuteterweise
und im absoluten Gegensatz zum äußeren Zustand des
Flugzeugwracks waren die beiden Insassen relativ wohlauf. Nach
einiger Anstrengung schafften es Schemel und Bronzo die Reste
der Maschine durch selbiges Loch zu verlassen, welches der
korpulente Fallschirmspringer noch Minuten vorher unfreiwillig
gerissen hatte. Ganz plötzlich hatte der Bronzo auch wieder
dieses aus Schemels Sicht recht unangenehme Pistolending in
den Händen und übernahm die Kontrolle der Situation.
„Dass das kla is: Gerettet bis du noh lange nicht!“, herrschte er
den verschüchterten Playboy an.
„Ih brauch jetzt ers mal ein Telefon, und du komms mit, gnädige
Herr.“, fuhr der Ausländer höhnisch fort, „Auf, mach schon!“
Vor Bronzos Pistole taumelte Achim Schemel wohl fünfhundert
Meter durch den Wald, ängstlich darauf bedacht nicht an irgend
einen Baum zu stoßen und sich zu verletzen. Dann war die
andere Seite des Waldstreifens erreicht und Bronzo zog Schemel
herunter zu sich wo er im Schutz der Hecke auf das vor ihm
liegende Gelände äugte. Etwa einen Kilometer vor ihm, in einem
sanften Tal gelegen breitete sich ein malerisches Städtchen aus.
Nur etwas störte diese Ruhe. Auf einem gut erleuchteten Platz
etwas außerhalb neben einer Turnhalle zum Wald hin gelegen
versammelten sich immer mehr Fahrzeuge mit zuckenden
Blaulichtern. Feuerwehr, Polizei, Rettungsfahrzeuge waren

auszumachen und endlich bogen sogar drei orangenfarbige Katastrophenschutz-Kleinbusse auf den Platz ein.

„Vedammt, jetzt gibs hie schon wiede Schwieigkeiten!"

Bronzo fluchte halblaut vor sich hin.

„Das möchte ich auch meinen!"

Erschrocken fuhren Bronzo und Schemel herum und vier Augen starrten in die doppelläufige Mündung eines Schrotgewehres. Hinter dem Gewehr wurde langsam eine große, grün gekleidete Gestalt mit einem Fernglas und grünem Filzhut inklusive Gamsbart sichtbar.

Albert Klönlein, die Kapuze immer noch übergezogen, die altehrwürdigen Waffen fest umklammert, rannte so schnell er konnte. Immer wieder bog er in Seitenstraßen ein, bis er schließlich in einen scheinbar menschenleeren Stadtteil Nerburgs kam, den Hochbichel, eine verwahrloste, einsame Gegend, mit zwielichtem Ruf behaftet. Lediglich Jugendbanden und wenig Gesetzestreue verliefen sich ab und zu in dieses Viertel. Die alten Häuser standen fast alle leer und boten so zahlreiche Unterschlupfmöglichkeiten. Albert ließ sich erschöpft gegen eine Hauswand sinken. Klatschnaß geschwitzt hoffte er einwenig verschnaufen zu können.

„Ey, hey Mann! Seht mal, Batman in Unterwäsche!".

Albert riß sich von der Wand weg, ihm gegenüber stand etwa ein halbes dutzend dämlich grinsender, kurzgeschorener Nochjugendlicher, mehr konnte er durch die Sehschlitze seiner Kapuze nicht erkennen. „Ey, Mann, krass! Echt geil der Fummel."

Der Sprecher, ein etwa 1.80 großer, schlanker junger Mann mit strubbligem, blondem Haar kam lockeren Schrittes näher. Seine Bomberjacke hatte er auf Brusthöhe etwas auseinandergezogen um breiter zu erscheinen. Hart schlug Albert mit dem Hinterkopf auf, als er vor dem wippenden Schläger zurückzuweichen versuchte.

„Krass! Angeschlagen Kopf, ey!!"

Die Worte gröhlte einer der umstehenden Halbstarken. Als hätte er einen guten Witz gemacht, schlug er sich auf die Schenkel und begann lauthals zu lachen.

„Mann, Piep, ey halts Maul!". Die wenigen Worte von Seiten der aufgeblähten Bomberjacke genügten, Piep verstummte.

„Wollen wir Batman mal unter die Wäsche gucken, ey" Bomberjacke drehte sich im Kreis und erntete die Zustimmung seiner Freunde. Albert spürte, dass es für ihn langsam eng wurde.

„Mitsubishi!!!"

Alberts Ruf brachte Verwirrung in die junge Horde.

„Yaaamaha!!"

Wie ein Ninja riß Klönlein das Schwert in die Höhe und ging wackeren Schrittes auf die erschrockene Bomberjacke zu.

„Mazsssda!!"

Albert ließ mit der anderen Hand den Morgenstern kreisen. Sein Mut begann zu steigen, der Stern rotierte heftiger, so heftig, dass er Albert außer Kontrolle geriet, sich um das aufgerichtete Schwert schlang und Albert zu Boden schlug.

„Ey Batman, jetzt ham wir dich!"

Die Bomberjacke sprang auf Albert zu.

Gerade noch rechtzeitig wich Klönlein dem Schläger aus, der sich herunterbeugte und ihm die Kapuze vom Kopf reißen wollte. Die beiden verhängnisvollen Waffen fahrenlassend, rappelte er sich hoch und begann zu rennen. Nur weg von diesen üblen Typen. Diese hatten natürlich unverzüglich die Verfolgung aufgenommen. Schnell wurde Klönlein klar, dass er eine Verfolgungsjagd wohl nicht über längere Strecken durchstehen würde, zuviel hatte er in den letzten Stunden durchgemacht. Doch noch war er fit und die Kampfstiefel an den Füßen der Verfolger schwer genug um seinen Vorsprung immer etwas größer werden zu lassen. Hastig um Hausecken hetzend hoffte Albert Klönlein auf eine Zuflucht, ein Mausloch welches sich öffnen sollte ihn aufzunehmen und keine dieser gemeinen Figuren hereinzulassen. Keuchend bog er nach dem nächsten Block rechts in den Blücherwall ein. Zweihundertacht Meter vor ihm konnte Albert eines dieser schokoladenbraunen Lieferfahrzeuge des „UDS« erkennen, des „United Delivery

Service«, der seit einigen Jahren nicht unwesentlich zum Defizit der bundespöstlichen Paketzusteller beitrug. Zwischen Alberts hämmernden Schläfen funkte eine Idee auf.

Die Hoffnung verlieh seinen Beinen unglaubliche Schnelligkeit. Die Hoffnung der Fahrer des klobigen Kleinbusses habe in alter Bequemlichkeitsmanier die Schlüssel nicht abgezogen, vielleicht sogar, o Kulmination der Faulheit, den Motor laufen lassen.

Ja, Albert Klönlein der sonst an Ampeln fast epileptische Anfälle bekam weil diese blöden Autofahrer während der Rotphase ihre noch blöderen Motoren nicht abstellten, betete darum, dass an diesem Lieferauto der Diesel erwartungsvoll vor sich hin tuckere. Im nächsten Augenblick hatte er die Fahrertür erreicht und Lidschläge später saß er hinter dem Lenkrad. Der Motor lief zwar nicht aber, heiliger Florian, der Schlüssel steckte. Mit einem leisen Freudenschrei betätigte Albert die Zündung.

„Kreuzdonner!"

Verärgert versuchte Polizeioberwachtmeister Hubert Schnauz die Ketchupflecken von seiner Uniformhose zu wischen.

Im grün-weißen Audi sitzend hatte er sein Mittagsmahl entfaltet und dabei die Konsistenz der Tomatenpampe auf seinem Hamburger DeLuxe unterschätzt. Je mehr der, an den Schläfen leicht ergraute, Polizist rubbelte, um so größer wurde der Fleck auf seinem rechten Oberschenkel. Der Rest der Mahlzeit thronte derweil auf dem Armaturenbrett, ein Ketchup, Majo Rinnsal bahnte sich von dort seinen Weg in Richtung linker Oberschenkel. Schnauz bemerkte es erst, als der Fleck auf seinem Oberschenkel etwa handtellergroß war.

„Sakra, weil ma a nia Zeit hat vernünftig zu essen!"

„Haben wir uns wieder verkleckert?"

Sein Kollege Rupert Sicherlich brachte die Lehne des Beifahrersitzes wieder in die Senkrechte, ohne jedoch die Augen zu öffnen. Das Piepsen seiner Armbanduhr brachte Leben in sein Gesicht. Die Pause war vorüber.

„Soll ich dir helfen?"

Ein Paar wiedergeöffneter Augen blickte Schnauz belustigt an. Eine Antwort wurde gar nicht erst abgewartet und Rupert

Sicherlich widmete sich dem Fleck auf Schnauzens rechtem Hosenbein. Beide Beamten waren eifrigst mit Rubbeln beschäftigt. Ein außenstehender Betrachter hätte Perverses ahnen dürfen. Zu allem Übel hatte Schnauz durch seine wilde Wischerei auch noch das Cola zu seinen Füßen umgestoßen. Unter den Pedalen war ein kleiner Zuckersee entstanden, auf dessen Oberfläche einsam eine, mittlerweile, leere Coladose trieb. Schnauz suchte fieberhaft nach einem deftigen Fluch für dieses erneute Mißgeschick, glaubte einen gefunden zu haben, brachte ihn aber nicht über die Lippen. Er hatte eben eine Möglichkeit entdeckt wie er seine Wut weit besser als durch profanes Fluchen abfackeln konnte. Soeben war ein schokobrauner Lieferwagen des UDS mit irrwitziger Geschwindigkeit an ihm vorübergerauscht. Schnauz startete den Motor und setzte dem LKW mit Sirenengeheul hinterher, dass ihm bei diesem Blitzstart auch noch der übrige Hamburger gegen die Brust geschleudert wurde vervielfachte nur noch seine Wut auf den unbekannten UDS Fahrer.

„Los, Rupert, setz sofort einen Funkspruch ab!"
Herrschte der Oberwachtmeister seinen Kollegen auf dem Beifahrersitz an, während er ihm das schlabberige Hackfleischbrötchen zuwarf.
„Den Idioten kriegen wir, verlaß dich drauf!"
Rupert Sicherlichs zentrales Nervensystem war kurz darauf beschäftigt drei völlig verschiedene Tätigkeiten, als da waren: Stabilisierung des Körpers in einem dahinrasenden Einsatzwagen, Auffangen und Entsorgen eines Burgers DeLuxe und zielgerichtete Bedienung des Funkgerätes zu koordinieren.
„Hier Michel einszwo für Zentrale, verfolgen momentan augenscheinlich verrückten Raser in einem braunen Lieferwagen stadtauswärts. Fahrtrichtung Hofgartenstraße wahrscheinlich Richtung Stadtautobahn. Erbitten Unterstützung aller verfügbaren Fahrzeuge. Ende."
Die Antwort des Einsatzleiters konnte der Polizeiwachtmeister nicht mehr verstehen, zu laut fluchte sein fahrender Kollege dazwischen. „Himmelherrgottsakrament, was macht der Schwachkopf jetzt!"

Hubert Schnauz zwang den Mittelklassewagen mit quietschenden Reifen in eine Rechtskurve. Der Lieferwagen hatte seine Richtung geändert und fuhr nun auf die Innenstadt zu.

„Jetzt kriegen wir ihn!",

frohlockte der ergraute Beamte. Schwungvoll nahm er die nächsten Kurven und folgte dem UDS-Kleinlaster in immer engere Gassen der Nerburger Altstadt. Doch dann war den beiden Polizisten ein monströser Adrenalinstoß vergönnt. Urplötzlich schob sich aus einer Seitengasse ein buntbemaltes Reklamefahrzeug und blieb recht zwanglos auf der Fahrbahn stehen. In diesem Moment legte Hubert Schnauz seine Meisterprüfung im Fach Vollbremsung ab und schaffte es tatsächlich den Wagen einige Millimeter vor dem unerwarteten Hindernis zum Stehen zu bringen. Mit einem Gesicht das die Farbe von Ketchup und Mayonnaise gleichzeitig hatte war er innerhalb von Sekunden aus dem Auto gesprungen und herrschte zornentbrannt eine der buntgekleideten Personen an, die frohgemut um den Reklamewagen herumstanden und irgendwie zu demselben gehören zu schienen.

„Was fällt euch Idioten eigentlich ein, hä?"

Der angesprochene, irgendwie clownähnlich gekleidete Mann drehte sich langsam um und erwiderte äußerst freundlich.

„Immer mit der Ruhe Mensch. Was du jetzt brauchst ist ein frische Hamburger DeLuxe aus 100% reinem Rindfleisch, garantiert umweltverträglich. Darf ich dich auf ein Probeessen einladen?"

Der infarktgefährdete Oberwachtmeister wußte nicht was er zuerst tun sollte. Würde er den schrill gekleideten Promotionheini mit einem simplen Fauststoß niederstrecken, ihm das Gehirn von den Schultern blasen, ihn im eigenen Fritierfett ertränken oder ihm einfach die Ohren abreißen und ihn zwingen sie, zwischen 2 labbrige Brötchen geklemmt, vor seinen Augen zu verzehren? In all seiner Wut war Hubert Schnauz unfähig zu irgendeiner Regung.

„Na was jetzt? DeLuxe oder MegaCheese?"

Der Vertreter von HamHamBurgers hielt dem Polizisten zwei schlaffe Brötchen vors Gesicht. Der Duft von verbranntem Hackfleisch beleidigte Huberts Nase.

„Ich gedenke beide zu probieren."

Rupert Sicherlich, eben dem Wagen entstiegen, kannte diesen süßlich freundlichen Ton seines Kollegen noch gar nicht. Innerlich hatte er sich schon darauf vorbereitet, die Überreste des Clowns von der Fahrbahn zu fegen. Ganz ruhig nahm Schnauz beide Burger entgegen, breitete die Arme aus und schlug zu. Er klatschte dem Werbeclown die Burger links und rechts auf die Ohren und zog ihn zu sich heran.

Der gar nicht mehr grinsende Werbemann unternahm nicht erst den Versuch sich zu befreien. Schnauz sprach mit einer Stimme, dass sich sogar Sicherlich veranlaßt fühlte sich ins Auto zurückzuziehen um dem heimeligen Rauschen der Sprechfunkanlage zu lauschen.

"Wenn du inzehnsekundenwegbist macheich geschnetzeltes ausdir"

Er brauchte den Mann nicht erst in Richtung Auto zu stoßen. Mit einem irren Glimmen in den Augen flüchtete sich der Marketing Mann in das Fahrerhaus seines Kleinbusses. Er schaffte es, mit quietschenden Reifen Staub aufwirbelnd, sich aus demselbigen zu machen.

„Versuch über Funk rauszukriegen wo sich dieser Wahnsinnige jetzt befindet!"

Es gab Tage da wünschte sich Rupert Sicherlich in seine Rolle als Schülerlotse zurückversetzt. Heute wäre er am liebsten Schüler.

„Michel einszwo für Zentrale, kommen"

Albert Klönlein stand inzwischen vor dem gläsernen Eingangsportal eines Nobelapartmentblocks und suchte nach einem Klingelschild, auf dem der Name „C. Sämig« erscheinen sollte. Bald hatte er den richtigen Knopf gefunden und nach einer kleinen Weile tönte es krächzend aus der Sprechanlage: „Ja, bitte?"

„Ich bin es, Albert Klönlein, es tut mir leid dass ich zu spät bin, kann ich raufkommen?"

Fast dachte Albert die Sprechanlage hätte versagt, es dauerte eine kleine Ewigkeit bis der Türöffner betätigt wurde. Obwohl er Aufzüge haßte benutzte er diesmal den Lift, er war einfach zu erschöpft jetzt noch bis ins vierte Stockwerk zu laufen. Die Tür zum Apartment Constanzes war angelehnt. Nach einem kurzen Klopfen öffnete Albert die Tür und trat ein. Im Halbdunkel starrte ihm Constanzes Gesicht entgegen. Mit einem Ausdruck der aussah wie ein überdimensionales Fragezeichen.

„Entschuldigen Sie Constanze, entschuldigen Sie meinen Aufzug und meine Verspätung. Sie hätten nicht vielleicht einen Kaffee für mich?"

Es dämmerte schon der nächste Morgen, als sich drei Kannen Kaffee und zwei große Irish Whiskey später Albert Klönlein im Designer-Ledersessel zurücklehnte.

„So, das ist alles was ich weiß. Ehrlich gesagt, ich kann mir keinen rechten Reim darauf machen. Mich würde nun aber interessieren wie Sie die Sache sehen, was Sie wissen, Constanze."

Constanze Sämig erhob sich von der Couch und ging langsam auf die Fensterfront des Ateliers zu. Sie hielt einen Moment inne ehe sie erwiderte.

„Natürlich werde ich ihnen sagen was ich weiß, aber ich glaube jetzt sollten wir uns erst mal darum kümmern was da unten los ist."

Vor dem Block war eine Anzahl Polizeieinsatzfahrzeuge zu sehen und man konnte unschwer ausmachen wie ungefähr siebenundzwanzig gefährlich gekleidete Männer zwei Mannschaftswagen des Sondereinsatzkommandos verließen.

Hubert Schnauz war nicht wiederzuerkennen. Er hatte sich einen blaugrünen Overall des Einsatzkommandos Terror Tod übergezogen und stand schwer atmend vor seinem Fahrzeug, die Kugelschutzweste war ihm einige Nummern zu klein. Sein Kollege saß im Wagen und dachte darüber nach, dass ihm diese Story wieder niemand in seiner Stammkneipe abnehmen würde. Endlich hatte er etwas, womit er im Brünftiger Hirsch prahlen können würde.

„Er ist da drin" von Sicherlich unbemerkt war Schnauz neben den Wagen getreten.

Der Zeigefinger seiner rechten Hand wies auf den großen Appartementblock. Deutlich konnte man das Ketchup unter seinen Fingernägeln sehen.

„Irgendwo da drin und ich kriege ihn."

Dann wandte er seine Aufmerksamkeit wieder den Aktivitäten der Anti-Terroreinheit zu. Ein Spezialtrupp war eben dabei das Fernmeldekabel des Blocks anzuzapfen. Teile des Sturmkommandos hoben Stellungen für leichte Granatwerfer aus, während sich die Erkunder bereits durch die Rosenbeete auf den Haupteingang zu bewegten. Der Plan sah ferner vor, die Straßen rund um das Gebäude aufzureißen um eine Flucht des Terroristen per Fahrzeug unmöglich zu machen. Immer lauter werdendes Fopp-Fopp kündigte das Herannahen des Hubschraubers an. Der Helikopter landete auf dem Dach des Blocks. Ein halbes dutzend schwarzgekleideter Männer sprang fast gleichzeitig auf das Flachdach, rollte sich nach vorne ab und kam mit einem „Hu" wieder auf den Füßen zum Stehen. Schnauz hätte vor Freude und Begeisterung am liebsten ejakuliert.

„Hallo!", der Ruf brachte ihn in die Realität zurück, er blickte zunächst verschmitzt, dann erleichtert auf seinen Hosenschlag.

„Herr Einsatzleiter, die eingesetzten Einsatzkommandos sind bereit zum Einsatz!"

Ein ebenfalls blaugrün gekleideter Westenträger versuchte zu salutieren, aber auch seine Splitterweste schien zu klein. Er reichte Schnauz das Megaphon.

„Hubert!"

Der dringliche halblaute Zwischenruf seines Kollegen ließ Schnauz zusammenfahren.

„Ja, was ist denn jetzt noch?!"

Ärgerlich unterbrach er seine Atemübungen während deren er sich auf die glänzenden Sätze konzentriert hatte die er diesem Terroristenblock per Flüstertüte entgegenzuschleudern gedachte.

„Hubert, es ist nur," begann Rupert Sicherlich zögerlich, „hast du dir das auch wirklich gut überlegt? Ich meine du bringst hier die komplette Anti-Terroreinheit auf Trab, bist womöglich dabei ein Blutbad anzurichten, und das alles nur wegen einem Verkehrsrowdy."

Die Zornesröte stieg Hubert Schnauz erneut ins Gesicht. Sicherlich verdankte es vielleicht nur den häufigen Botengängen die er für Schnauz, zum Beispiel zum Fastfood-Restaurant, erledigte, dass dieser sich beherrschen konnte.

„Jetzt hör mir mal gut zu."

Schnauzens Antwort war nur noch als Zischen zu vernehmen.

„Dieses Arschloch rast mit hundert Sachen durch verkehrsberuhigte Zonen, gefährdet das Leben von unzähligen hilflosen Bürgern, widersetzt sich der Staatsgewalt, und das alles mit einem geklauten Auto. Ich nenne das Terrorismus. Und ich kriege den Blindgänger, so wahr auf das Codewort Blödmann die zweihundert Mann den Block auseinandernehmen werden und so wahr ich Hubert Schnauz heiße, mein Freund!"

Der Beamte wurde durch die Meldung eines Kollegen unterbrochen: „Herr Einsatzleiter, Telefon. Der Innenminister ist am Apparat." Unwirsch wandte sich der bullige Polizist ab und hastete auf dem Beamten nach, dem wartenden Minister entgegen. Dabei übersah er völlig einen in eine Baseballjacke gekleideten Halbwüchsigen der mit seinem Skateboard die Szenerie abfuhr und prompt vom erregten Einsatzleiter Schnauz von demselbigen gestoßen wurde.

In der Jugendlichen eigenen, direkten Art machte der Skateboarder seinem Ärger Luft: „Paß doch auf, du Blödmann!"

„Blödmann!!! Du Kröte nennst einen erwachsenen Polizisten Blödmann?"

Schnauz kochte.

„Dich krieg ich du Mikrokrimineller!"

Ehe der Kleine sich versah hatte Schnauz ihn fest am Ohr gepackt und begann ihn zu schütteln. Unbemerkt von Schnauz bahnte sich ein Leuchtgeschoß seinen Weg in die Höhe, mit der einzigen Bestimmung, dort mit einem lauten Knall und einer tiefroten Stichflamme zu explodieren. Schnauz brüllte noch immer auf den Jungen ein, als das Eingangsportal des Wohnkomplexes, in folge von Mörserbeschuß, in tausenddreihundertzweiundvierzig Einzelteile zerbarst. Vielleicht waren es die panisch weit aufgerissenen Augen des Jungen, vielleicht war es auch Sicherlichs kreideweißes Gesicht das urplötzlich vor ihm auftauchte, was Schnauz wieder in die Wirklichkeit zurückbrachte. „U..U.. Unternehmen Blödmann lä.." der Rest von Sicherlichs Meldung verlor sich im Motorlärm des anrückenden Räumpanzers.

Schnauz ließ den Jungen los und blickte auf die Szenerie. Der Räumpanzer brach ein Garagentor großes Loch in die Außenwand des Gebäudes. Schnauz glaubte eine verblüffte Hausfrau zu erkennen, doch nur für kurze Zeit, da sofort ABC Trupps des Sondereinsatzkommandos Gasgeschosse hineinballerten, um Widerstand im Keim zu ersticken. Eine schwerbewaffnete Kugelweste nach der anderen verschwand im demolierten Hauseingang. Schreie waren aus dem Gebäude zu hören. Es dauerte nicht lange, bis erste Personen, die Augen verzerrt, Pistolenläufe an den Schläfen, aus dem Komplex geführt wurden.

„Lassen Sie mich durch!" ein salopp gekleideter junger Mann versuchte die Polizeikontrolle zu durchbrechen, was ihm letztendlich gelang. Mit schnellen Schritten kam er auf Schnauz zu, der, mutterseelenallein, das Geschehen mit glasigem Blick verfolgte. Der Mann wandte sich an ihn „Können Sie mir sagen, wer für diesen Schwachsinn verantwortlich ist?"

Keine Reaktion.

„Ich bin Torsten Fahrspitz, von der Nerburger Neusten, was ist hier los?"

„Qcchhcchcz"

Schnauzens Funkgerät schaltete sich ein.

„Leitstelle an alle, gesuchtes Objekt ist Albert Klönlein, wahrscheinlich vierter Stock bei C. Sämig Ende".

Achim Schemel wußte nicht, wie lange er geschlafen hatte, als er bäuchlings liegend auf einer Holzbank erwachte. Achim Schemel fror. Achim Schemel ging es im Großen und Ganzen nicht besonders gut. Das war eigentlich nichts Neues, schon seit Stunden wünschte der angeschlagene Frauenheld, er hätte an diesem Morgen sein Bett nicht verlassen. Aber die letzten Ereignisse hatten ihm vollends den Rest gegeben. Nachdem er und Bronzo von diesem brutalen Förster aufgelesen worden waren, trieb dieser die beiden mit vorgehaltener Flinte durch den dämmrigen Wald zu irgendetwas, was Achim Schemel im Zwielicht als forsthausähnliches Gebäude ausmachen konnte. Und nicht genug damit, dass die stacheligen Nadelbaumzweige ihm sein bisher nur mit den besten Mittelchen in Berührung gekommenes Gesicht bis zur Unkenntlichkeit zerkratzt hatten, der übereifrige Jagdhund des Försters, ein kräftiger Irischer Setter, hatte ihn auch noch kräftig in die Gegend gezwackt, auf der er für gewöhnlich saß. Am Forsthaus angekommen hatte der wüste Waidmann ihn dann von Bronzo, dem Untier getrennt und ihn in diesen Raum gesperrt. Und da die spärliche Ausstattung der Kammer kaum Gelegenheit gab sich mit ihr zu beschäftigen hatte Achim Schemel alle Zeit der Welt sich eingehend mit seiner eigenen Lage auseinanderzusetzen. Wäre der lädierte Lebemann nicht eine völlig couragelose Kreatur gewesen hätte er vielleicht an der Tür seines Gefängnisses gelauscht. Aber dann hätte er sich womöglich erneut in einen Ohnmachtsanfall geflüchtet. Die Konversation im Nebenraum war dazu angetan.

„Der ahme Idiot. Klaubt wahrseinlih immer nok du hass mik auch engesperr!"

Der angesprochene Jagersmann wiegte bedächtig seinen inzwischen hut- und gamsbartlosen Kopf.

„Scho, aber langsam werds Zeit. Mir ladn jetzt den Trottl ins Auto ei und fahrn eahm nauf ins Schloß. Der Graf von Todtenfeldt hot gsogt er mecht mit dem Narrn no persönlich redn. Kumm, geh zua, pack mers!"

Die Tür wurde aufgerissen und Achim Schemel konnte deutlich den Gamsbart mit dem dazugehörigen Förster erkennen.

„Auf, Wilddieb, geh ma!"

Obwohl Achim Schemel gänzlich unklar blieb was ‚Gema' wohl bedeuten möge, erhob er sich sehr vorsichtig von seinem Lager und kam mit kleinen Schritten auf den Waidmann zu. Der packte ihn grob am Arm und führte ihn ins Freie hinaus. Der Wind hatte am Morgen aufgefrischt, schwarze Wolken verdunkelten den Himmel. Draußen stand ein lindgrüner Kombi, auf dessen Beifahrersitz Schemel den scheinbar gefesselten Bronzo erkennen konnte. „Hock di hinten nei, Wilddieb". Der Förster öffnete die

Tür und stieß Achim auf die schmutzig feuchte Rücksitzbank. Achim konnte einen kleinen Schrei nicht unterdrücken als sich der Hosenstoff gegen die frische Bißwunde spannte. Der Förster startete den Motor, fuhr an und bog in den nächsten Feldweg ein. Erleichtert stellte Achim fest, dass der beißfreudige Irische Setter wohl im Haus zurückgeblieben war. Das Gefühl der Freude wurde aber sehr schnell von einem Gefühl wahnsinnigen Schmerzes verdrängt, als sich der Fahrer daran tat, nur ja kein Schlagloch, auf der ohnehin desolaten Straße, auszulassen. Die Federn der Sitzbank bohrten sich in Achims gepeinigtes Hinterteil. Zu allem Übel nahm das Unwetter zu, der Himmel riß auf und eine wahre Sturmflut ergoß sich über das Land.

„Kreizdonner!"

Die Scheibenwischer wurden den Wassermassen kaum Herr. Nach etwa 20 Minuten Fahrt bog der Kombi in einen Waldweg ein, begleitet von Blitzschlag und Donnergrollen. Die Sichtweite mochte drei oder vier Meter betragen. Der ungeteerte Weg begann aufzuweichen und der Förster hatte zunehmend Mühe den Wagen auf dem Weg zu halten, trotzdem verringerte er nicht die Geschwindigkeit.

„Glei sin mer.."

Die Worte blieben dem Forstmann im Halse stecken, ein grellweißer Blitz schoß nur wenige Meter vom Auto in den Boden und zerteilte eine mächtige Eiche. Mit einem Ächzen krachte eine Hälfte auf die Straße. Mit blockierenden Rädern rammte der Kombi in den nunmehr toten Baum. Durch den Aufprall wurde Achims Tür aus dem Schloß gebrochen und er ins Freie geschleudert. Kaum spürte er den nassen Schlamm an seinem Körper, begann sich sein Überlebenswille zu regen, Achim stand auf und rannte. Zwischen den Bäumen glaubte er die Umrisse eines Schloßes oder einer Burg zu erkennen.

Je näher der geschundene Playboy dem Gebäude entgegenhastete um so deutlicher wurden die Einzelheiten. Vor ihm lag ein kleines Jagdschlösschen umgeben von einem vielleicht fünfzig Meter breiten Streifen des gepflegtesten englischen Rasens. Zahlreiche Vorsprünge, Erker und Türmchen waren selbst in der Dunkelheit zu erahnen. Nur aus wenigen Fenstern drang wohliger Lichtschein, der Rest des Herrenhauses und die gekieste Auffahrt lagen in äußerst schwaches Mondlicht getaucht. Beim Überklettern der brusthohen halbzerfallenen Steinmauer brachte sich Schemels Gesäß erneut in sein Gedächtnis. „Herr im Himmel!«, flehte der vornehme Lebemann vor sich hin, „bitte nicht schon wieder heulende Hofhunde, Höllenviecher!«

Achim Schemel horchte hinter sich. Offenbar verfolgte man ihn nicht. Vorsichtig geworden beschloß er sich das Schloß erst mal ein wenig näher anzusehen, anstatt überstürzt um Hilfe zu fragen. Geduckt schlich er auf eines der hohen erleuchteten Fenster zu. Offensichtlich dachte man nicht daran Vorhänge zuzuziehen, so unbeobachtet wähnte man sich. Langsam lugte Schemel um die Ecke. Nur mühsam konnte er einen Aufschrei der Überraschung unterdrücken. Drinnen in einem geschmackvoll eingerichteten Schlafzimmer stand Annegret Ritter vor einem Spiegel. Sie war gerade dabei sich zu entkleiden. Bedächtig ließ sie ihre Bluse auf einen Schleiflackstuhl gleiten.

Nur mehr in cremefarbene Dessous gehüllt ging Annegret auf ein Schminktischchen zu, während sie ihre Ohrringe abnahm. Achim Schemel war mehr als verwirrt. Seine beträchtliche Wut auf Annegret trat sofort in den Hintergrund, als er den attraktiven Körper und die geschmeidig eleganten Bewegungen dieser Frau beobachtete. Zweifellos, Annegret Ritter erregte den versierten Frauenkenner. Im nächsten Moment wurde der kauernde Playboy aus seinen angenehmen Gedanken hochgeschreckt.

Mehrere Wagen bogen knirschend in die Auffahrt zum Schloß ein. Achim Schemel hechtete in Deckung hinter einen kantig zugeschnittenen Rhododendronbusch. Die beiden Luxuskarossen parkten nur fünf Meter von Schemel entfernt. Die Fahrer der Limousinen stiegen aus und öffneten die hinteren Wagenschläge. Achim Schemel traute seinen Augen nicht.

Auf Krücken gestützt humpelte die Gestalt starren Blickes auf das Portal zu. Es war schwer abzuschätzen, ob die Person überhaupt wußte wohin sie stolperte, denn während das eine Auge von dem fast turbangroßen Kopfverband verdeckt, und somit nahezu unbrauchbar gemacht wurde, war das andere nur inmitten seines blaulila geschwollenen Umfeldes zu erahnen. Das rechte Bein zog sie eine stete Spur im feinen Kies der Auffahrt. Unter der Jogginghose zeichnete sich ein von der Hüfte bis zur Ferse reichender Gipsverband ab. Die den Nacken entlastende Halskrause verlieh der Erscheinung eine etwas bullige Gestalt. Ohne Zweifel kannte Achim diesen Mann, wenngleich sich dessen Gesundheitszustand seit ihrem letzten Zusammentreffen sehr zum Nachteil verschlechtert zu haben schien. Vom Eingang löste sich eine hagere Gestalt, die Achim bis dahin gar nicht bemerkt hatte, und half dem Geschundenen die Treppen hinauf. Wenige Sekunden später waren beide im Haus verschwunden, gefolgt von den anderen fünf Personen, die den Fahrzeugen nach und nach entstiegen, Achim Schemel allerdings völlig unbekannt waren.

Mit dem letzten von ihnen schloß sich auch wieder die Tür. Schemel überlegte, irgendetwas ließ ihm keine Ruhe. Richtig, Annegret Ritter, zu sehr hatte ihn der Anblick der attraktiven Annegret erregt, als dass er nicht widerstehen konnte, noch einen Blick durch das Fenster zu werfen. Vielleicht konnte sie ihm sogar helfen, und wenn nicht, dann hätte er sie wenigstens noch einmal gesehen, vielleicht sogar nackt. Für einen Moment hatte er alles um sich herum vergessen. Das Fenster war noch immer hell erleuchtet, leise schlich er unter den Sims und bewegte sich Zentimeter für Zentimeter nach oben. Als er hoch genug war hob er den Kopf und starrte in das Zimmer. Doch statt der nackten Schönen blickte er direkt in das blaulila geschwollene Auge des bekannten Unbekannten. Mit einem gellenden Aufschrei fuhr Achim vom Fenster zurück und stolperte haltlos ins Dunkel. Fast gleichzeitig begann irgendwo eine Alarmglocke zu schellen. Ziellos rannte Schemel durch de Garten, strauchelte über Büsche, prallte gegen Mauern und Hecken. Es schien keinen Weg des Entkommens mehr zu geben.

„Die Hunde! Laßt die Hunde los!"
Achims Hinterteil rief sich wieder in Erinnerung.

Mit letzter Kraft erreichte er die Mauer, die das Waldschloß

umfriedete und hangelte sich hoch. Mit schmerzverzerrtem Gesicht landete er auf der anderen Seite. Geistesgegenwärtig und mit der Energie der Todesangst erkletterte der flüchtige Frauenheld den nächsten Laubbaum und verbarg sich in der dichten Krone. Ängstlich lugte er aus seinem Versteck hervor. Offenbar hatte man die Hunde nicht aus der Schloßanlage gelassen. Schemel schickte einen Dankesseufzer nach oben. So gut es sein lädiertes Hinterteil gestattete, ließ er sich auf einen kräftigen Ast nieder und begann seine Gedanken zu sortieren. Was hatte dieser Typ am Fenster hier verloren. Achim Schemel hatte den Herrn schon häufig in der Zeitung gesehen. Freiler oder Froiler hieß der Mensch, und er war irgendwie ein hohes Tier bei der Stasi gewesen. Klar dass der Kerl momentan ebenso beliebt war wie tausend Kakerlaken. Allerdings hatte er auf den Fotos in der Zeitung bedeutend unverletzter ausgesehen. Schemel glaubte sich zu erinnern, dass dieser feine Herr eigentlich gerichtlich belangt werden sollte, sich jedoch das Gerücht hielt, der alte Mann sei so schwer erkrankt, dass er nicht vernehmungsfähig sei. Nein, einen vernehmungsfähigen Eindruck machte der Geheimdienstler nicht, aber nach Krankheit sah das auch nicht aus. Und überhaupt, was wollte der Stasi-Scherge eigentlich hier? Mit Annegret Ritter! Wem gehörte das Schloß überhaupt?
„Wenn ich nur eine Ahnung hätte wo ich überhaupt bin," murmelte Achim Schemel vor sich hin.
Er wurde durch das Knirschen von Kies aus seinen Überlegungen gerissen. Noch ein Wagen bog in die Einfahrt ein. Achim durchfuhr ein Schock. Es war der ihm so gut bekannte lindgrüne Kombi, dem er vor kurzem erst entkommen war. Der Playboy ermannte sich. Irgendetwas mußte er jetzt unternehmen. Ihm war noch nicht genau klar was, aber er wollte sofort damit anfangen. Entschlossen begann er von seinem Versteck herabzuklettern.

Die kurze Explosion und das nachfolgende Erzittern der viel zu dünnen Zwischenwände hinderten Albert für kurze Zeit daran auf seinen Fingernägeln herumzukauen. Er saß allein im Zimmer, Constanze war vor einigen Minuten ihrem Ankleidezimmer verschwunden. Stückchen für Stückchen biß sich Albert durch seinen rechten Daumennagel. Ganz deutlich glaubte er bereits den Schlag schwerer Stiefel aus den unteren Stockwerken zu vernehmen. Albert hätte sich vor Schreck beinahe den Daumen abgebissen, als plötzlich Constanze vor ihm stand.

„Da, ziehen Sie das an Albert, wir müssen hier raus".

In all der Aufregung hatte Klönlein total vergessen, dass er noch immer mehr oder weniger unbekleidet war. Constanze reichte ihm einen dunklen Jogginganzug, sowie ein Paar Turnschuhe. Albert tat wie geheißen, er war froh irgendetwas tun zu können.

„Hör zu Albert, wir versuchen über die Feuerleiter nach draußen zu gelangen. Hast du verstanden?"

Albert wollte ihr sagen, dass er um nichts in der Welt diese vier Wände verlassen würde, dass er sich stellen werde und dass sich alles aufklären würde, all diese Mißverständnisse, denn letztendlich siegt die Gerechtigkeit. Ein markdurchdringender Schrei drang von unten herauf.

Albert sagte „Ja".

Er folgte Constanze dicht auf, die zielbewußt den Weg zur Feuertreppe einschlug und prallte heftig gegen ihren schönen Rücken als sie abrupt stehen blieb.

„Mist, hier kommen wir nicht weiter"

Deutlich waren jetzt schwere Schritte zu hören, auch von unterhalb der Feuertreppe.

„Uns bleibt keine andere Wahl, wir müssen auf's Dach".

Der Dachaufgang war nicht sehr weit von der Feuertreppe entfernt auf ihrem Weg dorthin begegneten ihnen etwa ein dutzend schwarz gekleideter Männer, die „Hepp Hepp" rufend an ihnen vorüber sprangen ohne sie zur Kenntnis zu nehmen.

Frische Luft und ein rhythmisches Fopp-Fopp schlugen ihnen entgegen als beide das Dach des Appartementblocks betraten.

„Alles was wir erreicht haben ist, dass sie uns aus noch größerer Höhe hinab stoßen werden!"

Albert schielte über das Dach hinaus.

„Wenn sie mich unten erwischt hätten wäre ich wenigstens in Ruhe zerstückelt worden , hier oben ist es so laut, dass ich sie nicht einmal kommen höre. Ich halt es nicht mehr aus! Kann denn niemand diesen verdammten Hubschrauber abstellen!"

Constanze sah Albert scharf an.

„Anstatt konstant rumzujammmern sollten Sie sich lieber überlegen wie wir hier lebend rauskommen."
Während Albert geduckt und irgendwie verloren auf dem lärmumtosten Dach stand, sah sich Constanze sämig hektisch um. Ihr Blick fiel auf ein zusammengekauertes Kätzchen. Die arme Kreatur drückte sich, ebenso zusammengekauert wie Albert, und vom Lärm des auf dem Dach landenden Helikopters halbtot neben einen Lüftungschacht. Constanze durchzuckte eine Idee. Sie griff nach der Katze und fuhr Albert nicht gerade einladend an:
„Los, legen sie ihren Arm um mich. Sie sind jetzt mein Freund, klar?!" Den völlig peilungslosen Albert an einem Arm schleppend, im andern das dem Tod nahe Katzentier, humpelte Constanze auf den Hubschrauber zu, aus dessen Heck sich gerade ein halbes Dutzend Kämpfer des Einsatzkommandos abrollten. Albert Klönlein fahrenlassend hämmerte sie mit der Faust an die Seite der Pilotenkanzel. Es war wohl Constanzes Glück, dass der Mann am Knüppel ein absoluter Katzenfanatiker war. Ihre Worte, die sie gegen den ohrenbetäubenden Rotor anbrüllte waren ohnehin nicht zu verstehen. Allein der Anblick zweier verzweifelter Menschen, die offensichtlich ein Katzenleben retten wollten, ging ihm, den Helikopterpiloten, ihn der noch vor zwei Wochen in einer Gameshow eine Fratzikatz-Katzenkletterlandschaft gewonnen hatte weil er alle Cheetah-Katzenfutter Geschmacksvarianten auswendig hersagen konnte, zu Herzen. Mit einem Griff entriegelte er die Passagiertür und wartete bis alle drei sicher eingestiegen waren. Dann zog er die Kiste behutsam hoch. Weg vom Dach, weg vom Appartementblock, der sich langsam aber sicher unter ihnen in seine Bestandteile aufzulösen begann. Zufrieden lächelnd drehte sich der Pilot halb um und bemerkte, dass die Frau ihm offenbar etwas mitzuteilen hatte. Gutmütig rutschte er Helm und Kopfhörer etwas zur Seite um ihre Worte besser verstehen zu können.
„…verfluchte Katzenkotze weg, verdammt nochmal!"

Der Pilot zuckte zusammen. Sollte er sich geirrt haben und die beiden gar keine Katzenliebhaber sein?

Aber nein, das wollte er sich nicht eingestehen, sicher hatte er sich verhört. Der Pilot rückte den Kopfhörer wieder zurecht und konzentrierte sich auf den Flug.

Aber wohin flog er überhaupt?

Vor einigen Minuten hatte er nur Augen für das arme unschuldige Fellbündel gehabt, das sich so eng an den Busen der jungen Dame geschmiegt hatte. Und jetzt schwebte er hier über Nerburg mit den dreien und ihm dämmerte langsam, dass dies seine vorgesetzte Dienststelle wohl besser nicht erfahren sollte. Dies könnte ihm seinen Job, seinen BMW, seine Mitgliedschaft im Nerburger VIP Tennisclub und eventuell seine Frau kosten, was ihn weiter aber nicht beunruhigte. Außerdem warteten auf dem Gelände der Nerburger Polizeischule noch mehrere dutzend schwarzgekleideter Männer auf ihn, die nur darauf erpicht waren, sich aus dem Helikopter abzurollen. Sollte er sich umdrehen und den beiden sagen, dass es sich hier um ein Versehen gehandelt hat, und sie bitten sofort auszusteigen? Und die Katze? Katzen landen immer auf ihren Füßen, das wußte er, aber dies würde dem armen Tier bei einer Fallhöhe von gut 800 Metern wenig helfen. Es würde wohl einige Markisen durchschlagen und dabei seine sieben Leben nacheinander aushauchend letztendlich eine gräßliche Sauerei zurücklassen. Das Einfachste wird es sein, einfach auf irgendeinem der zahlreichen Nerburger Sportplätze kurz zwischenzulanden und dort alle drei abzusetzen. So zumindest der Gedanke des Piloten, als er sich zu seinen Passagieren umdrehte um ihnen eben jenen mitzuteilen. Um Haaresbreite verfehlte ihn ein graues Fellbüschel, das fauchend an ihm vorüber flog und mit einem dumpfen Knall gegen die Glaskanzel des Hubschraubers prallte.

„Das verdammte Mistviech hat mich gekratzt!" brüllte Constanze über den Lärm des Rotors hinweg.

Der Pilot blickte Constanze fassungslos an, dann entdeckte er die Katze die benommen im Fußraum lag.

Da stieg in dem erfahrenen Drehflüglerführer die Wut aus dem Magen hoch und schnürte ihm die Kehle zu. Das mußte gebüßt werden. Wehrlose Kätzchen derart zu mißhandeln. Mit einer Hand griff er sich das eingeschüchterte Fellbündel und zurrte es notdürftig mit den Gurten auf dem leeren Copilotensitz fest. Von wegen, die beiden auf irgendeinem Sportplatz rauslassen. Er würde dieses Sadistenpärchen fein säuberlich beim Einsatzleiter abliefern. Aber vorher sollten sie noch die Gelegenheit haben zu erleben was es hieß mit dem Gewinner der deutschen Helikopter-Kunstflugmeisterschaften Schlitten zu fahren. Fünfzehn Minuten später überkam den Piloten so etwas wie Genugtuung. Inzwischen war man gelandet, der Flugzeugführer hatte seine Maschine bereits verlassen und, in einem Arm das lädierte Kätzchen, von außen den Schlag für die Passagiere geöffnet. Seine beiden Fluggäste waren allem Anschein nicht in der Lage den Hubschrauber ohne fremde Hilfe zu verlassen. Mit einem Schmunzeln nahm er zur Kenntnis, dass die Frau sich offensichtlich die Lippen blutig gebissen hatte, während man anhand der Spuren von Erbrochenem fast einige seiner Kunstflugfiguren nachkonstruieren konnte. Der Pilot wandte sich an zwei Uniformierte.

„Heda, Wachtmeister Hirsch und Wachtmeister Niemcky, helfen sie doch diesem sauberen Duo aus der Maschine und sorgen Sie dafür, dass die beiden unverzüglich Einsatzleiter Schnauz vorgeführt werden. Ich habe sie auf dem Dach von Zielobjekt alpha aufgegriffen."

„Na dann Niemcky, dann geleiten Sie die beiden Figuren mal zum Chef"
Mit verschränkten Armen wartete Wachtmeister Hirsch auf die Ausführung seiner Anweisung. Nach Meinung des etwa einen Kopf größeren Niemcky konnte er darauf ewig warten. Jetzt ging dieses Drangsalieren schon wieder los. Was glaubte dieser Hirsch wer er eigentlich zu sein scheint, letztendlich war auch er nur Wachtmeister, obschon er beim internen Polizeiwettkampf „Finde den Ausländer" leicht besser abgeschnitten hatte.
„Was ist los Niemcky? Bringen Sie dieses Pärchen endlich zu

Schnauz, oder kotzt Sie der Job an?"

Hirsch lächelte über seinen versteckten Witz und fuhr sich dabei mit Daumen und Zeigefinger durch den üppigen Schnauzer.

„Was Sie sagen, das mache ich schon lange nicht!"

Niemcky hatte sich für den Angriff entschieden.

„Sie sind, ebenso wie ich, nur Wachtmeister und bloß weil Sie mehr Ausländer gefunden haben können Sie hier nicht rumkommandieren". Vor Überraschung hatte Hirsch vergessen die Finger wieder aus dem Bart zu nehmen, was ihn einwenig beim Sprechen hinderte.

„Was?"

„Ich sage, entweder wir bringen sie gemeinsam zum Chef, oder die beiden gehen nirgendwo hin, Wachtmeister Hirsch!"

Niemcky spürte Oberwasser, sah es aber wieder versiegen, als Hirsch mit breiten, langsamen Schritten auf ihn zu kam. In diesem Moment fiel Niemcky auch wieder ein, warum jeder Wachtmeister Hirschs Anweisungen befolgte, Hirsch war zwar dumm und häßlich, aber er glich beides durch eine Überbereitschaft zur Anwendung extremer körperlicher Gewalt aus und ließ schon mal einen Urlaub für einen Anti-Anti-Atom oder sonstwas Einsatz sausen. Der erste Schlag traf ihn hart vor die Brust. Dem zweiten konnte er ausweichen, während der dritte ihm das Kreuz verrenkte. Einzig und allein der Helikopter schien Niemcky Zuflucht zu gewähren, mit einem Satz sprang er in die offene Kabine, auf dem Erbrochenen ausgleitend konnte er eben noch zwei erschreckte Augenpaare erkennen, dann donnerte Hirsch die Schiebetür zu.

Hirsch klopfte sich die Uniform zurecht.

„Der wird sich's nie merken!", dachte er bei sich.

Laut aber wandte er sich an die beiden grüngelben Gesichter im Inneren des Polizeihubschraubers.

„Alles muß man selbst machen. Aber da habt ihr wenigstens gesehen wohin es führt mit Wachtmeister Hirsch Schlitten fahren zu wollen. Los raus jetzt, ich hab Weihnachten schon einen Termin!"

Constanze Sämig und Albert Klönlein kletterten mit augenfällig wackligen Füßen über den bewußtlosen Polizisten hinweg aus der Maschine. Wachtmeister Hirsch führte die beiden zu einem Mannschaftswagen, forderte sie nicht gerade charmant auf, einzusteigen, schwang sich selbst in den Beifahrersitz und herrschte den Fahrer an:

„Zur Einsatzleitung, aber zackig!"

Nach kurzer, zackiger Fahrt durch das dämmrige Nerburg, die Constanze und Albert vorkam wie eine Massage in einem Wasserbett, verglichen zu den Kapriolen eine halbe Stunde zuvor, bot sich den beiden ein bizarres Szenario.

„Ohh Jesus,...", seufzte Constanze ungläubig und seltsam kraftlos leise vor sich hin.

Der Appartmentblock, der ihr für die letzten fünf Jahre ein so treffliches Zuhause gewesen war, stand als dampfende Ruine vor ihnen. Unwirklich in grelles Halogenlicht getaucht. Über die scharfen Schatten gespensterte zuckendes Blaulicht. Weiter hinten sah man schon erste Feuerwehrwagen große Wasserbögen in die Trümmer halten. Wohl eher eine Geste denn ein Rettungsversuch. Constanze wurde aus ihren Betrachtungen gerissen und zusammen mit Albert aus dem Wagen gebracht und recht grob um zwei parkende Polizeifahrzeuge herum gestoßen, bis beide vor einem etwas betreten wirkenden Mann mit einem prächtigen Schnurrbart standen vor dem ein gehetzt wirkender Endvierziger im anthrazitfarbenen Nadelstreifenanzug auf- und ab rannte. Offensichtlich versuchte sich der gedrungene Bärtige zu rechtfertigen: „Versuchen Sie doch bitte die Situation zu verstehen in der ich mich befand, Herr Staatssekretär!" Die Szene hatte etwas Klägliches.

„Ähemm!", Wachtmeister Hirsch räusperte sich vernehmlich. „Entschuldigen Sie bitte, wenn ich Sie unterbreche, Herr Oberwachtmeister Schnauz. Ich bringe ihnen hier zwei Verdächtige, die einer unserer Piloten auf dem Dach des Zielobjektes aufgegriffen hat. Als das Ding noch stand."

Hirschs Meldung verlor sich im Wutausbruch des Staatssekretärs. „Wollen Sie mir etwa erzählen, Sie haben diesen Appartementblock in Schutt und Asche legen lassen, nur um einen gewöhnlichen

Temposünder zur Strecke zu bringen. Und nicht einmal das haben Sie erreicht?"

Die flackernden Blaulichter der zahlreichen Einsatzfahrzeuge reflektierten sich in der tadellos polierten Brille des Staatssekretärs. Sie spiegelten sich auch auf Schnauzens schweißnasser Stirn wieder, der wünschte sich im Moment nur weg, ganz weit weg von hier. Des Oberwachtmeisters permanentes Schweigen veranlaßte den Polizisten Hirsch zu einem erneuten Versuch.

„Melde die Festnahme von zwei äußerst verdächtigen Individuen verschiedenen Geschlechts!"

Im Folgenden waren vier Polizeibeamte notwendig, um Albert Klönlein aus Schnauzens beinahe tödlichem Würgegriff zu befreien. Wie ein Tollwütiger stemmte sich der Beamte gegen seine Kollegen an, wild um sich schlagend und beißend.

„Das is er! Das is er der Terrorist und die Büchs ist sicher auch eine, eine Terrorbüchs!!"

Etwas abseits des neuentstandenen Tumultes blickte der Herr Staatssekretär auf seine Schuhspitzen. Er hatte die Hände gefaltet und murmelte, für niemanden hörbar, vor sich hin:

„Danke Gott wir haben einen, wir haben Futter für die Presse und Erfolge für den Innenminister, danke dir, Herr".

Eskortiert von einigen Motorrädern setzte sich unterdessen ein grünweißer Kleinbus, unter anderem mit Constanze und Albert im Fond, in Bewegung. Constanze freute sich richtiggehend auf das Polizeipräsidium, sie erwartete zumindest eine Waschgelegenheit. Durch das vergitterte Rückfenster warf sie einen letzten Blick auf ihr ehemaliges Zuhause. Noch bevor der Bus um eine Häuserecke bog, glaubte sie eine schlanke Gestalt zu erkennen, die dem Fahrzeug wackligen Schrittes nacheilte, Grund für den unbeholfenen Gang waren irgendwelche Taschen die vor ihrer Brust baumelten.

Seit einer halben Stunde nun schon streifte Achim Schemel durch die Gartenanlage des Waldschlößchens. Das Gelände war riesig. Baumgruppen wechselten mit kurzgeschorenen Rasenflächen in denen mit akribischer Akkuresse Blumenrondells angelegt waren. Über der Anlage lag ein dichter, süßer Duft nach blühendem

Rhododendron. Aber außer einem munteren Bächlein das die Parkanlage durchfloß hatte er bisher nichts strategisch verwertbares entdeckt. Da zeichnete sich plötzlich im Schutze einiger Bäume die Silhouette eines kleineren Häuschens, einer Hütte, gegen das anbrechende Tageslicht ab. Vorsichtig schlich sich Achim Schemel näher. Es handelte sich offensichtlich um eine Art Gartenhütte, auch wenn die Eingangstür für einen Schuppen sehr stabil und sehr gut verschlossen war. Da war nichts zu machen. Sich von Ecke zu Ecke tastend umschlich Schemel die Hütte, vergaß dabei nicht die Fenster zu prüfen. Beim dritten hatte er Glück. Die Scheibe gab unter seinem Druck nach und schwang mit einem leisen Knarzen zurück. Vergewissernd, dass ihn wirklich niemand beobachtete, schwang sich der flotte Frauenheld in das Innere der Hütte. Die Dunkelheit drinnen konnte man förmlich greifen. Schemel griff in die Tasche nach seinem Gianni Visage-Feuerzeug und versuchte die Umgebung etwas zu erhellen. Offensichtlich war er in einem stinknormalen Geräteschuppen gelandet. Kurz bevor er sich am glühenden Feuerzeug endgültig die zarten Fingerchen versengte, baumelte eine verstaubte Petroleumfunzel in sein Blickfeld.

Nach dem dritten Versuch brannte ein rußiges Flämmchen im Glaszylinder und beflackerte die Einrichtung. Schemel erkannte einen Durchgang in eine Art Nebenraum. Die Lampe hinter sich haltend linste er vorsichtig in die Kammer. Der Raum war größer als er sich gedacht hatte, und was ihn noch mehr überraschte, er war vollgepfropft mit Gerätschaften ganz anderer Art. Obwohl er von diesen Sachen wenig verstand, erkannte der lässige Lebemann, dass man mit den Waffen die hier gelagert waren wohl eine kleine Armee ausstatten konnte. Maschinenpistolen, Sturmgewehre, sogar eine Anzahl Granatwerfer konnte er ein einer Ecke ausmachen. Gegenüber stapelten sich Holzkisten die abwechselnd mit Totenköpfen und der Aufschrift „Explosives" versehen waren. Und schließlich taumelte er gegen einen Schreibtisch zur seiner Linken, auf dem ein Funkgerät im Lampenschein funkelte, eines von diesen Dingern wie er sie schon einmal vor kurzem in der Wohnung Annegret Ritters gesehen hatte. Den patenten Playboy durch zuckte eine Idee.

Nach unendlichen Minuten geräuschloser, schweißtreibender Suche hatte Achim alles soweit beisammen. Was da zu seinen Füßen lag war wie das who is who des illegalen Waffenmarktes. Eiligst entblößte er seinen schmächtigen Oberkörper. In einer Handfläche mischte er einen Brei aus Staub und Speichel an und begann sich damit Brust und Gesicht einzureiben.

Achim hatte sein ängstliches Ich nach hinten verdrängt, hier agierte der Mann, der die Dialoge aller Rambofolgen auf ein DIN A 4 Blatt notiert, auswendig gelernt hat und unter seinem Kopfkissen aufbewahrte.

Kaum war er mit seiner Kriegsbemalung fertig schlang er sich, in Ermangelung eines Stofftuches, einen alten Fahrradschlauch um die Stirn und verknotete ihn am Hinterkopf. Das Umhängen der Patronengurte, zweien an der Zahl, jeweils diagonal, bereitete weniger Schwierigkeiten als erwartet, vorallem weil die Gurte unbestückt waren. Aber trotz heftigster Suche waren dies die einzigen Gurte die Schemel in der kurzen Zeit finden konnte. Sie würden auch so genügend Bedrohung ausstrahlen, dass sie nicht ganz ungefährlich waren wurde Schemel bei jeder Schulterbewegung bewußt. Immer dann verfingen sich die Patronenhalter in seiner ohnehin nicht zu üppigen Brustbehaarung und entrissen ihr dabei Haar um Haar. Bei den Waffen hatte sich Schemel, der sonst Gewehre nur von Schießbuden her kannte, für eine halbautomatische Pistole, eine leichte israelische Maschinenpistole, ein Überlebensmesser mit Angel, Kompaß, Flickzeug, Gaskocher und Bibel im Handgriff, sowie eine dreiläufige Elefantenbüchse entschieden. Als Schemel die erleuchteten Fenster des Waldschlößchens erreichte war er bereits klitschnaß geschwitzt, seine Tarnung wurde von breiten Schweißströmen durchschnitten.

Keuchend robbte er zum Eingangsportal und fand es unverschlossen. In der großzügig angelegten Eingangshalle, die neben dutzenden von Ölgemälden auch reichlich mit totem, ausgestopften Getier aus aller Herrn Länder versehen war, glaubte Achim mehrere Stimmen zu hören. Er schlich sich auf eine Nebentür zu, aus der, da nur angelehnt, ein schwacher

Lichtschein drang. Das immer lauter werdende Stimmengewirr zeigte ihm an, dass er sich auf der richtigen Spur befand. Im Gefühl ein unbesiegbarer schwerbewaffneter Panzer zu sein schob er sich langsam der Türe entgegen. Der Panzer war nun nahe genug, dass er erste Stimmen verstehen konnte.

„...es ist noch zu früh meine Herren! Was hilft uns eine ganze Hütte voller Waffen und Zünder, wenn wir bis heute noch keinen Schuß Munition geliefert bekommen haben?"

Im selben Moment verfing sich Schemels überlange Elefantenbüchse im offenen Maul eines ausgedörrtes Warzenschweins.

Mit einem Balanceakt der Wertung zehnkommanull rettete sich Achim Schemel vor dem drohenden Sturz. Er konnte jedoch nicht vermeiden, dass der blöd grinsende Schweinskopf gefährlich ins Wackeln geriet und dabei ein furchtbar lautes scharrendes Geräusch von sich gab. Behender als man es einer Person mit zerbissenem Hinterteil zutrauen würde ging Schemel hinter einem alten viktorianischen Sideboard in Deckung, immer höllisch darauf achtend seine nutzlos gewordene, übermäßige Bewaffnung nicht an einanderklappern zu lassen. Der sonst so laszive Lebemann lauschte laut los auf Reaktionen. Die Tür des stimmenerfüllten Raumes öffnete sich und ein nobel gekleideter Herr erschien in der Öffnung. Achim erbebte, teils vor Spannung, teils vor Neid auf das edle Stöffchen, das so kraß im Gegensatz zu seinem momentanen Aufzug stand. Der Gutgekleidete, offenbar der Hausherr, blickte sich in der Eingangshalle um und hustete halblaut fragend: „Johann?!"

Nur das schwere Ticken einer mächtigen Standuhr antwortete. Graf von Todtenfeldt verschwand wieder im Besprechungszimmer, nicht ohne hinter sich die Tür zuzuschließen. Erleichtert schnaufte Achim durch. Aber so schnell gab ein Schemel nicht auf. So leise er konnte entledigte er sich seinen unbrauchbaren Waffen und versteckte diese unter dem ausladenden Sideboard. Auf Zehenspitzen schlich sich der penetrante Playboy zur nunmehr geschlossenen Tür und legte vorsichtig sein Ohr an die Füllung.

„Merde!", ein geflüsterter Fluch entfuhr seinen Lippen.

Vom Gespräch drinnen war nichts mehr zu verstehen. Offenbar war die Gruppe auch noch weiter von der Tür weggerückt. Achim Schemel beschloß es zuerst einmal im Nebenraum zu versuchen. Viel leicht hatte er Glück und er konnte von dort aus die illustre Runde weiterverfolgen. Nach der Eingangshalle hin sichernd drückte er die Klinke des Nebenraumes und glitt hinein. Erst als er sich bereits in dem wohnzimmerartigen Raum befand und umdrehte bemerkte er, dass er nicht mehr alleine war. Auf einer rotbraunen Lederchaiselongue lag, ihm abgewandt, Annegret Ritter in ein allerfeinstes Negligé gehüllt beim Schein einer Leselampe, augenscheinlich in ein Modemagazin vertieft. Achim Schemel war perplex. Zum Rückzug war es zu spät. Ohne sich umzudrehen seufzte Annegret:

„Endlich, Ottokar. Ich habe schon gedacht, du hättest unser kleines Rendezvous vergessen."

Ottokar Schemel klingt auch nicht schlecht, dachte der versierte Playboy und näherte sich auf leisen Sohlen dem Rücken der begehrenswerten Annegret. Ein gehauchter Laut des Verlangens drang aus Annegrets Kehle als seine Finger über ihren Rücken glitten. Schemel begann Annegrets Schultern zu massieren. Wie das Männchen einer Gottesanbeterin, so hatte er jegliche Vorsicht vergessen, widmete sich mit biblischem Eifer seiner Leidenschaft.

„Ottokar, du wirst immer besser"

Annegret räkelte sich wie eine umschmuste Katze und drehte sich auf den Bauch. Der Weg zu ihren Brüsten blieb Schemel so auf das erste versperrt. Auch wenn dies nicht ihr Gedanke war. Gefühlvoll schob Achim Annegrets Haar zurück und küßte sie in den Nacken. Wohlwollend beobachtete er die Gänsehaut, die sich auf der Haut der Rheinländerin bildete. Mit einer schnellen Bewegung griff Annegret nach Schemels rechter Hand und führte sie an ihre Lippen. Es läßt sich nicht sagen was den Ausschlag gab, waren es nun Schemels verdreckte Fingernägel, der penetrante Geruch von Waffenöl oder der desolate Allgemeinzustand seiner Handflächen, der Annegret in der Bewegung innehalten, die Augen öffnen und den Kopf wenden ließ. Die Reaktion wäre in allen drei Fällen die gleiche gewesen. Annegret schrie auf. Mit der freien linken Hand begann sie auf Achim einzuschlagen. Der versuchte ihr zu entkommen, da sie ihn aber immer noch an der Rechten eisern hielt, sich ihre gepflegten Fingernägel in das Handgelenk bohrten, glaubte er sich ihr auf ewig prügelnd ausgeliefert. Mit einem Ruck riß er sich von ihr los, vergewisserte sich aber, dass seine rechte Hand auch wirklich noch das Ende seines rechten Armes bildete. Annegret war ebenfalls aufgesprungen und schnaubte ihn verächtlich an.

„Schemel! Und ich glaubte schon ich müßte Angst haben. Was machst du eigentlich hier, ich dachte du bist außer Landes?"

Oh wie begehrte Achim diese Frau, die, wieder ganz Herr der Situation, auf dem nahen Beistelltischen sich eine Zigarette angelte, ohne ihn aus den Augen zu lassen.

„Weißt du Achim, ich glaube ich habe dich lange unterschätzt. Dein Anfang war nicht übel eben."

Mit einem Gang, der Schemel nicht nur die Augen aus den Höhlen quellen ließ kam sie auf ihn zu.

„Hast du Feuer?"

„Selbstverständlich fühle ich das Feuer, ich bin erfüllt von verzehrendem Verlangen, liebste Annegret!", startete der erfahrene Liebhaber seine übliche Suada, die für gewöhnlich ausreichte die eine Hälfte der Frauenwelt direkt in seine Arme schmelzen zu lassen. Und auf die anderen fünfzig Prozent verzichtete er dankend. Latzhosetragende rundliche diskutierwütige Unfehlbarmütter waren nicht sein Fall. Annegret Ritter verpaßte seinen Süßholzgedanken erst mal einen Dämpfer:

„Fürs erste wäre ich schon damit zufrieden wenn du mir meine Zigarette anzünden würdest."

„Oh, Verzeihung, wie außerordentlich stupide von mir", lächelte Schemel verschmitzt zurück, „so eine ungeschickte Verwechslung."

Er grapschte nach einem schweren marmorgefaßten Tischfeuerzeug und entzündete ihre Cartier Lights. Genießerisch blies Annegret das erste blaue Wölkchen in den Raum. Langsam näherte ihr Mund seinem Ohr:

„Na los, was soll das blöde Herumgeplänkel, das haben wir nun wirklich nicht nötig. Aber meinst du nicht, eine Dusche wäre für dich jetzt genau das Richtige?"

Der schmutzige Playboy sah kurz an sich herunter und nickte.

„Mhhmm!"

„Fein, dort drüben ist das Badezimmer" hauchte Annegret und erhob sich langsam und lasziv.

„Und ich hol' uns inzwischen was Nettes zu trinken."

Voll der schönsten Vorfreuden schlüpfte Achim Schemel ins angrenzende Bad und schon bald seifte er sich hingebungsvoll ein, bedacht seinen Luxuskörper in allerbeste Form zu bringen. Schemels Gedanken schweiften. Es war schon verrückt. Vor Stunden noch dem Tod näher als dem Leben, gejagt, gehetzt, war er nun wieder zurück in dem was er Leben nannte. Prickelnde Stimmung, alleine mit einer begehrenswerten Frau, ein Geschlechtsverkehr in nächster Zukunft war mehr als wahrscheinlich. Waren es diese angenehmen Gedanken, waren es die grotesken Situationen der letzten Zeit, die dem liebesbereiten Lebemann zu einer fabelhaften Erektion verhalfen? Achim Schemel war etwas verwirrt. Gewöhnlich sparte er sich seine Erektionen auf die passenden Situationen auf. Seine Verwirrung wich einem Gemisch aus Peinlichkeit und Panik als er aus dem Zimmer eine männliche Stimme vernahm:

„Annegretschä. Schätzschä. Ich bin dahaa!"

„Annegretschä! Wo bist du denn? Bist du etwa im Bad?"

Achim Schemel schlüpfte aus der Duschkabine und grabschte nach dem erstbesten Handtuch, um den Seifenschaum von seinem Körper zu reiben. Erstaunt stellte er dabei fest, dass seine aufgerichtete Männlichkeit wider allen Erwartens nicht in ihre faltig schweinchenrosa Ruhehaltung zurückgeschrumpelt war. Zu sehr hatte sich sein Innerstes auf baldigen Geschlechtsverkehr versteift. Es sah auch so aus, als würde es, wenn auch ohne seine direkte Beteiligung, bald dazu kommen. Die Vorgänge, die Achim durch das Schlüsselloch erkennen konnte ließen daran keinen Zweifel. Der Rücken eines mittelgroßen, breitschultrigen

Mannes war da zu erkennen. Der Eindringling, dabei wollte diese Rolle doch Achim selbst spielen, entledigte sich seines Hemdes und war eben im Begriff seine Gürtelschnalle zu öffnen, als Annegret das Zimmer wieder betrat. „Ottokar!" Wiedereinmal überraschte Schemel die Professionalität der schönen Rheinländerin. „Endlich bist du da Ottokar"

„Ohw Annegretschä, reiß dir den Fummel vom Leib und schmeiß dich auf des Kanapee"

Statt den Säften dar Liebe fühlte Schemel Wut in sich aufsteigen. Nie und nimmer durfte dieser Provinzpflöckler Annegret auch nur zu nahe kommen. Die massige Gestalt Ottokars verhinderte Schemels weiteren Blick auf Annegret. Deutlicher sah er dagegen die feisten, von feinen Äderchen durchzogenen, Pobacken seines, mittlerweile splitternackten, neuen Todfeindes. Wie konnte er das, was unausweichlich schien, verhindern? Zuerst mußte er sich erst einmal seiner, für das weiter Vorgehen unnötigen, Erektion entledigen. Achim Schemel versuchte sich abzulenken, er dachte an Supermärkte, seine Steuererklärung, Alice Schwarzer und und und. Aber mit einem Ohr hing er immer noch an der Tür zum Schlafzimmer und eben vernahm er wieder dieses wohlige Stöhnen der Frau und alles in ihm war geiler denn je. Schemel wollte schon Hand an sich legen als ihm eine bessere Idee kam. Kaltes Wasser auf den Schniedel würde auch die hartnäckigste Erektion beenden. Schemel hastete in die Duschkabine zurück, riß den nächstbesten Brausestab von der Wand, hielt ihn gegen sein eigentliches Ich und drehte den Hahn auf. Der Schmerz raubte ihm fast die Besinnung. In seiner Hast hatte Achim nach dem Massagestrahler gegriffen. Schemel war der festen Überzeugung, dass ihm der Wasserstrahl ein Loch durch den Penis geschossen hatte. Heulend vor Schmerz wand sich Nerburgs Playboy aus der Duschkabine, die Hände schützend über seine zerfledderte Männlichkeit haltend.

Allein es half nichts. Noch immer stand das Körperteil dem er seinen Ruf zu verdanken hatte fest und stramm von ihm ab. Inzwischen allerdings irgendwie hellrot glühend und auch ebenso schmerzend. Achim Schemel tanzte wie ein Derwisch durchs Badezimmer, mit hektischen Blicken irgendetwas suchend was Erleichterung versprach. Sein Blick fiel auf eine der Kosmetikfläschchen, die wahrscheinlich Annegret gehörten.

Die Worte „Cool Refreshing Moisturizer« stachen ihm ins Auge. In höchster Not schraubte der verzweifelte Frauenheld das Kosmetikum auf und quetschte den halben Inhalt heraus und begann die zähflüssig-weiße Creme in sein Geschlechtsteil zu massieren. Achim Schemels Gedanken wanderten dabei in chinesische, türkische und südafrikanische Folterkammern der dortigen politischen Gefängnisse. In diesem Augenblick gelobte er Fördermitglied von „amnesty international« zu werden, sobald er ohne Potenzverlust aus dieser Sache heraus wäre. Offensichtlich gingen die Regenerationsanstrengungen des erregten Lebemannes nicht so geräuschlos vonstatten wie er sich das gewünscht hatte.

In der Lustkammer nebenan wurde man trotz allerlei erotisierender Ablenkungen auf die Vorgänge im Badezimmer aufmerksam. Schemel vernahm die schnaufende Stimme des ominösen Ottokars: „Annegretschä, was is denn da im Bad los? Hast du wiedä eine von den kleinen Schweinereiä vorbereitet, auf die ich so steh? Annegretschä, du bist doch mein allerliebstes Schweineschnäuzschä!"

Annegret Ritter versuchte mit aller Geistesgegenwart zu der sie fähig war die Katastrophe zu verhindern:

„Das ist doch nur der Ultraschallreiniger für meine Meditationskugeln." Doch der erwartungsfrohe Ottokar war in seiner freudigen Erregung nicht zu bremsen. Mit tapsigen Hopsern die wohl einen sportlichen Flair erzeugen sollten walzte der Zweizentnermann singend auf die Badezimmertür zu:

„Annegretschä, Annegretschä, ich hol' nur unsä....." Ottokar erstarrte. Ihm gegenüber stand ein komplett nackter Mann. Die Tatsache dass dieser seine gewaltige nicht zu verbergende Erektion mit einer weißen, wiederlich anzusehenden Substanz beschmiert hatte entspannte die Situation nicht wesentlich. Hinzu kam, dass auch Ottokar, im Zustande höchster sexueller Anspannung befindlich eine, wenn auch weitaus unansehnlichere

Latte vor sich her schob. Sprachlos standen sich die beiden Männer gegenüber, mit ihren versteiften Gliedern aufeinander deutend. Es entstand ein peinliche Pause in deren Verlauf sich Achim zum ersten mal wünschte, seine Männlichkeit würde weniger negroiden Dimensionen entsprechen. Deutlich konnte er Neid, Scham und verletzten Stolz aus Ottokars funkelnden Augen herauslesen. In die Stille mischte sich das Geräusch einiger Paar nackter Füße auf Stein, irgendwo draußen in der Empfangshalle. Schemel rührte sich keinen Millimeter, sah aber, dass Ottokars Stern im Sinken war. Ganz deutlich war Getuschel an der Tür zum Zimmer zu hören. Schemel wagte immer noch nicht sich zu bewegen, schreckte aber dennoch zusammen als die Tür hinter Ottokar aufgerissen wurde und einige liederlich bekleidete Menschen beiderlei Geschlechts johlend hereingestürmt kamen. In der Melodie des Faschingsschlagers „Zap Zap Zapadap" sangen sie „Sex Sex Gruppensex".

Vereinzelte Stimmen grölten „Überraschung Ottokar!".

Die allgemeine Unruhe ausnutzend schob sich der splitternackte Playboy an seinem wie versteinert wirkenden Gegenüber vorbei. Mit wenigen Schritten war er bei der Lederchaiselongue angelangt und beugte sich zu der Frau hinunter.

„Annegret, du mußt mir hier raushelfen bevor Ottokar wieder zu sich kommt, bitte!"

Zwei rehbraune Augen blickten ihn verständnislos an.

„Annegret, ich dachte du hast blaue Augen" sagte er mehr zu sich selbst und sprang im nächsten Moment von der Couch zurück.

Das war nicht Annegret Richter, aber wo war die attraktive Rheinländerin?

„Achim!"

Schemel fuhr herum und prallte gegen ein kleines vollbusiges Mädchen, das ihre Arme sofort um ihn schlang und vehement versuchte ihre Zunge in seinen Rachen stopfen. Über sie hinweg erblickte er die vollkommen bekleidete Annegret, die ihm zu verstehen gab, er sollte zu ihr kommen, wollte er hier raus sein bevor sich Ottokars Starre legte.

Während er noch fieberhaft überlegte wie er Zunge samt Frau wieder loswerden könnte spürte er einen zweiten nackten

Körper, der sich gegen seinen Rücken schmiegte. Gerne genoß er Situationen wie diese, aber alles zu seiner Zeit. Jetzt mußte er erst einmal sein Leben retten. Durch eine kräftige Drehung um seine eigene Achse wirbelte er die beiden Frauen von sich, gerade rechtzeitig, wie ihm das Gebrüll aus Richtung der Badezimmertür signalisierte. Annegret packte ihn bei der Hand und zog ihn in die Eingangshalle hinaus. Vor einem ausgestopften Elch blieb sie stehen und zog an dessen Unterkiefer, worauf ein Ölgemälde zur Seite glitt und eine Öffnung in der Wand freigab.

Behende bugsierte Annegret Ritter den immer noch splitternackten Achim Schemel durch die Geheimtür und ließ durch einen verborgenen Mechanismus das Gemälde wieder an seinen Platz gleiten. Den Playboy an der Hand führend tastete sich die attraktive Rheinländerin durch die Finsternis. Sie befanden sich in etwas das Schemel vorkam wie ein relativ schmaler langer Kellergang. Plötzlich spürte er am Luftzug, dass der Raum sich verbreiterte, im nächsten Moment standen beide in helles Kunstlicht getaucht. Annegret Ritter hatte den Lichtschalter entdeckt. Es ist schwer zu sagen wer von den beiden mehr erleichtert war als sie feststellten, dass Achims kleiner Freund sich nicht mehr im Zustand angenehmster Erregung befand. Achim, eigentlich untypisch für ihn, schämte sich sogar ein klein wenig. Annegret Ritter, in ihrer unnachahmlich einfühlsamen Art, spendete Trost und Hoffnung: „Schon gut, denk dir nichts. Vielleicht kommen wir ja mal dazu die versäumte Gelegenheit nachzuholen."
Schemel seufzte nur:
„Hoffentlich!"
Doch es galt tatsächlich sich im Augenblick um Drängenderes zu sorgen.
„Wo sind wir hier? Wird uns dieser Fettokar finden? Wer ist der eigentlich? Welche Rolle spielst du bei dem Ganzen? Und hast du nicht viel leicht was zum Anziehen für mich?", fragte der Frauenheld flehentlich.
Die sympathische Dreißigerin sah sich um. Sie befanden sich in einer Art Saal. Die Anordnung der Sitzmöbel und Tische

erinnerte irgendwie an ein Tribunal oder Gericht. An der einen Stirnseite des Raumes standen drei Stühle zum Raum hin, der mittlere mit der höchsten Rückenlehne. Den Stühlen gegenüber waren in U-Form Tische und einfache Holzstühle angeordnet. Der Eindruck wurde noch verstärkt durch ein mächtiges Wappen welches über die drei ersten Sessel in den Raum ragte. Zu beiden Seiten des Saales standen Schrankreihen, die entfernt an sehr sehr noble Spinde erinnerten. Zielstrebig ging Annegret Ritter auf eine der Schranktüren zu und öffnete sie. Sie zog ein Stück weißes Tuch hervor, dass sich als weite lange Kutte entpuppte, in der Art wie Mönche sie zu tragen pflegen mit einer weit geschnittenen Kapuze auf dem Rücken.

„Da, das wirds fürs erste tun.", Annegret hielt ihm die Kutte entgegen, „Mit maßgeschneiderten Modellanzügen kann ich leider gerade nicht dienen."

Achim Schemel schluckte. Solche Kleidungsstücke kannte er nur aus dem Fernsehen.

„Freimaurer, Satanssekte, Ku-Klux-Klan.", schwirrte es ihm durchs Hirn.

Das Polizeipräsidium Nerburgs befand sich in einem 6-stöckigen Betonbau aus den frühen 60er Jahren. Aus einer Zeit, als formaldehydgetränkte Pressspanplatten und feuerfeste Asbestfaserplatten noch als das Nonplusultra des deutschen Bürohausstiles galten. Im sechsten Stock durften eben noch tschechische Arbeiterkolonnen die Sünden der Vergangenheit beseitigen. Im dritten Stock war neben der Spurensicherung auch das fototechnische Labor der Polizei untergebracht. Ein schwarzer, von den Neuerungsmaßnahmen verschont gebliebener Rolladen hielt die Sonne außen vor und tauchte den Entwicklerraum in die gewünschte Dunkelheit. Ein Chemiker war eben damit beschäftigt das Beweisfoto in der Raubmordsache Schneidmeier zu entwickeln. Ganz schadlos hatte sich die Zeit an dem alten Rolladen nicht gehalten, das Material wurde an manchen Stellen porös und neigte allmählich dazu aufzubrechen. Feinste Löcher ließen noch feinere Lichtstrahlen in das Dunkel des Fotolabors eindringen, die jedoch, nach zigfacher Reflexion geschwächt von den Wänden oder dem Teppich aufgesogen wurden. Ein Windstoß schlug gegen den Rolladen und ein neuer Lichtstrahl schoß in den Raum, prallte eine hunderstel Sekunde später gegen einen Glasrahmen an der gegenüberliegenden Wand, wurde abgelenkt wie bei einem Billardspiel und raste auf den Teppich zu, wäre dort sicher auch verschwunden, wenn er nicht auf halbem Weg mit einer grünglänzenden, fetten Schmeißfliege kollidiert wäre, die im Labor absolut nichts zu suchen hatte. Der plötzlich auftauchende Lichtimpuls brachte die Fliege so durcheinander, dass sie von ihrem Kurs abkam, sich in die Fixierlösung stürzte und dort eiligst ertrank. Der Strahl indessen stürmte unaufhaltsam auf das Fotopapier zu, auf welches gleichzeitig eben jenes Beweisfoto projiziert wurde und ,zeichnete' dem Verdächtigen Eckhart Stronz eine schöne Narbe auf die Stirn. Einer Schmeißfliege war es zu verdanken, dass der fünffache Raubmörder E. Stronz wenige Stunden später mangels Beweisen auf freien Fuß gesetzt wurde.

Eine Etage höher rang Hauptkommissar Wiesner am Telefon mit den Worten.

„Weg!! Was soll das heißen weg? Wie vom Erdboden verschluckt?!".

Wiesner legte betont langsam auf und blickte in die versammelte Runde.

„Herr Staatssekretär, der Konvoi mit den beiden Verdächtigen ist verschwunden, er ist irgendwo abgeblieben"

Und fast weinerlich setzte er fort:

„Mit Mann und Maus und all den neuen Autos".

Dabei gab es zum Weinen eigentlich keinen Grund, denn mindestens zwei Personen waren über das „Verschwinden" des Konvois recht erfreut. Überhaupt war Verschwinden der nicht ganz korrekte Begriff. Zu der Zeit als sich Hauptkommissar Wiesner einem hemmungslosen Weinkrampf hingab befanden sich der Mannschaftswagen der Polizei samt seinen sechs Motorradeskorten in einem äußerst gut getarnten Unterstand im dichten Nerburger Forst. Die Polizeibeamten lagen, vom Untergrund nur schwer zu unterscheiden, mit Kunststoffbändern wohlverschnürt auf einem Moosteppich. Vor ihm baute sich mit geschwellter Brust ein Soldat auf.

In vollem Kampfanzug, und nur für Bewanderte als Leutnant auszumachen. Er dröhnte, entgegen jeder Vorsicht und Tarnung den ranghöchsten Polizisten an:

„Zwei Terroristen also wollten Sie zum Verhör bringen? Dass ich nicht lache! Ausgerechnet durch Nerburg Forest, auf einer Sackgasse, die genau zu unserem Munitionsdepot führt. Für wen halten sie mich denn?"

Der Polizeiobermeister erwiderte, vor Ärger krebsrot und deshalb relativ gut vom grünen Hintergrund zu unterscheiden:

„Ich sage es Ihnen jetzt zum tausendsten Mal: Was kann ich dafür dass unser Fahrer nicht aus der Gegend ist. Noch dazu frisch von der Polizeischule. Gerade Sie dürften wissen, dass diese Grünschnäbel kaum rechts und links unterscheiden können!"

Der Polizist hatte sich inzwischen dunkelrot geredet.

„Und sollten sie uns nicht innerhalb der nächsten Minute freilassen sorge ich persönlich dafür, dass sie für den Rest ihrer Dienstzeit ein inniges Verhältnis zur Latrine bekommen!"

Der Soldat grinste matt.

„Ich habe meine Befehle, tut mir leid. Unsere Einheit befindet sich seit dem Luftangriff eines unidentifizierten Flugobjekts in höchster Alarmstufe. Ich habe klare Anweisung niemand durchzulassen, und wenn der Kanzler persönlich käme. Also take it easy."

Der Offizier betrachtete das Gespräch anscheinend als beendet. Torsten Fahrspitz hatte genug gesehen. Der drahtige Journalist war reaktionsschnell dem Konvoi gefolgt und hatte aus sicherer Entfernung die Vorgänge beobachtet und mit seiner Kamera festgehalten. Fahrspitz hastete zu seinem Wagen.

„Hoffentlich sind die Bilder was geworden, bei der Dunkelheit!", dachte der Pressemann.

„Das wird die Story! Meine Story!"

Nur etwa 500m entfernt, gut getarnt zwischen den Bäumen, hatten fleißige Hände eine Militärstadt errichtet. Im Inneren eines besonders raffiniert getarnten Zeltes stand ein Tisch, auf dem mehrere Karten ausgebreitet lagen. Ringsum beugten sich uniformierte Männer darüber und verschoben Fähnchen, Kreuze und Miniaturpanzer, dass es eine Freude war dem Treiben zuzusehen. Gewichtiges Gemurmel schwebte über der Gruppe, Wortfetzen wie „einkesseln..Verstärkung..Alarmbereitschaft" drangen heraus.

Die ständig pfeifenden und rauschenden Funkgeräte taten ihr übriges dazu eine unheimlich wichtige Stimmung zu erzeugen. Die Plane am Zelteingang wurde zurückgeschlagen und der bereits bekannte Leutnant trat ein.

„Nun Leutnant Hauptmann, was haben die Verdächtigen gestanden?" „Noch nichts Herr Oberst, aber wir wer den sie bald so weit haben. Diese Personen haben doch noch immer die Unverschämtheit, sich als Staatsbeamte, als Polizisten auszugeben."

Mit gewichtigen Schritten stapfte der Oberst zum Zeltende und wieder zum Tisch zurück.

„Dass mir davon bloß nichts nach draußen dringt meine Herren! Irgendwo in diesem verdammten Waldstück ist ein Flugzeug niedergegangen. Keiner weiß, woher es kam. Aber für den Abschirmdienst ist es klar, irgendeine feindliche Staatsmacht hat versucht Agenten abzusetzen. Die Mittelsmänner sind uns direkt in die Arme gelaufen, und die flüchtigen Spione werden wir auch noch kriegen!"

„Die Sache ist so brisant, dass sogar eine Einheit des GGSM zu uns unterwegs ist!"

„Ge Ge eS eM?"

Wiederholte flüsternd einer der umstehenden Landesverteidiger.

„Ganz Geheimes Staats-Ministerium meine Herren! Und selbst der Bundeskanzler konnte zu einer Unterbrechung seiner Zwiebelkur am Filser Joch überredet werden, er wird in wenigen Tagen-"

der Oberst senkte seine Stimme und blickte verschwörerhaft von einem zum andern,

„Inkognito - in Nerburg erwartet".

Leise wagte es Leutnant Hauptmann die Ausführungen seines Obristen zu unterbrechen:

„Herr Oberst, was geschieht jetzt eigentlich mit den beiden Gefangenen, die die Verschwörer bei sich hatten?"

„Sind sicher anständige Bürger, die irgendwie Wind von der Sache bekommen haben, und die jetzt aus dem Weg geschafft werden sollten. Geben Sie den beiden tüchtig zu essen und schickt sie nach Hause. Ach ja, lassen Sie sich noch deren Adresse geben, vielleicht hat das GGSM noch Fragen an sie."

„Jawohl Herr Oberst!"

Leutnant Hauptmann trat ab. Er verließ das Kommandozelt und schnappte sich einen Gefreiten der etwas abseits stand und mit seinem Sturmgewehr Trockenzielübungen machte:

„Heda, sie, folgen sie mir!"

Schnell grüßte der Mann zackig und ging in gehörigem Dreischrittabstand hinter seinem Vorgesetzten her.

Leutnant Hauptmann, kurz vor seiner Beförderung, ließ es sich nicht nehmen, den beiden verschnürten Bündeln, die aussahen wie eine mißlungene Reklame für Jogginganzüge, eigenhändig die Plastikfesseln durchzutrennen. Großspurig grunzte er:

„Sie sind frei! Stehen Sie auf, wir haben noch ein paar Fragen an sie, dann können sie gehen wohin sie wollen."

Constanze Sämig und Albert Klönlein wurden hochgezerrt, in ein weiteres Zelt geführt und auf zwei Klappstühle gedrückt. Der Offizier setze sich umständlich und nahm Papier und einen Stift in Tarnfarbe zur Hand.

„Name, Adresse!", schnauzte er kurz.

Sein Umgang mit Zivilpersonen hatte sich in den zurückliegenden Dienstjahren zusehends dem so gewohnten Kommisjargon angeglichen. Constanze Sämig schickte sich an der Forderung folge zu leisten. Als sie zu ihrer Anschrift kam stockte sie einen Moment, sagte aber dann doch:

„Johannisbeerweg 17a, Nerburg."

Hauptmann verzog keine Miene. Offensichtlich wußte er nicht, dass der Appartementblock nur mehr ein Haufen Nobelschutt war. Auch Albert Klönlein gab seine korrekte Anschrift an, wissend dass die nur mehr Trümmer sein konnte. Wieder verzog der Offizier keine Miene. Als er, mühsam genug, die Angaben zu Papier gebracht hatte, befahl er dem Gefreiten der inzwischen zwanglos neben dem Tisch strammstand und alle seine Konzentration aufbot einen ungeheuren Niesreiz zu unterdrücken:

„Gefreiter Willig! Schnappen sie sich ein Fahrzeug und bringen sie die beiden Zivilisten heim. Ab!"

Der Soldat schlug die Hacken zusammen:

„Jawohl, Herr Hauptmann, äh, Verzeihung, Leutnant!", und zu den beiden gewandt,

„Wenn sie mir bitte folgen würden."

Unter den mißbilligenden Blicken des Vorgesetzten entfernten sich die drei. Der Gefreite hüpfte in eines der zahlreich vorhandenen Geländeautos, wartete bis Constanze und Albert Platz genommen hatten und steuerte zügig aus der Zeltstadt. Leise pfiff Gefreiter Willig „Die Brücke am Kwai« während er den Wagen durch die Dunkelheit bugsierte.

Plötzlich hielt er inne, drehte sich zu seinen Passagieren um und fragte:

„Zu wem soll ich sie eigentlich bringen? In den Johannisbeerweg oder in die Leimener Straße?"

Constanze und Albert blickten einander etwas hilflos an, was der Soldat später als „die wußten im ersten Moment gar nicht, in wessen Bett sie zuerst absteigen sollten" interpretierte.

„Fahren Sie uns bitte in die Leimener Straße Herr Willig."

Albert ließ sich wieder in den oliven, PVC bezogenen Sitz zurückfallen. Unbemerkt hatte sich der grüne Mercedes G unter den Nerburger Nachtschwärmerverkehr gemischt. Der Blick aus dem Fenster zeigte hellerleuchtete Schaufensterfassaden. Die Sicht auf die Auslage versperrt von unzähligen Menschen, die aus waren, das große Abenteuer in irgendeiner der zahlreichen Nerburger Kneipen und Diskotheken zu finden. An einer roten Ampel kam der Geländewagen zum Stehen. Zwischen den wartenden Autos rannte ein kleiner Junge auf und ab, der behängt mit einer großen Tasche, eine Zeitung in die Höhe hielt und immer wieder den gleichen Satz vor sich hin brüllte „Nerburger Neuste Sonderausgabe - Staatsterror gegen unbescholtene Bürger -Exklusivfotos!".

Die es sich leisten konnten ließen ihre Seitenscheiben elektrisch herabsurren und sich ein Exemplar geben. Weder hatte der Mercedes elektrische Fensterheber, noch hatte Albert irgendwelches Kleingeld bei sich, so dass ihm nichts weiter übrig blieb, als der erfolglose Versuch, im Vorüberfahren etwas vom Text der Sonderausgabe aufzuschnappen.

„Scheiß Verkehr!"

Gefreiter Willig brachte den Wagen abermals zum Stehen. Diesmal war es keine rote Ampel, sondern das rote Glimmen einer Kelle, an deren Ende ein Verkehrspolizist hing. Im Dunkel der Nacht rasten gut 20 Einsatzfahrzeuge der Polizei mit Blaulicht über die gesperrte Kreuzung hinweg. Minuten später stoppte der Wagen mit der Y-Nummer ein letztes mal.

„Die Leimener Straße, soll ich Sie direkt vor's Haus fahren oder gehen Sie zu Fuß?"

„Nicht nötig, wir wollen noch die Abendluft genießen, danke Ihnen Herr Willig"

Kaum hatten sie den Jeep verlassen, war er auch schon um die Ecke und verschwunden.

„Was wollen wir hier Albert? Ich dachte Ihre Wohnung ist nur mehr ein Haufen Asche?"

„Meine Wohnung schon aber nicht das Häuschen nebenan."

Constanze verstand nichts.

„Kommen Sie und Sie werden verstehen." Sichern Schrittes strebte Albert auf Annegret Richters Anwesen zu.

Albert kannte den Weg noch vom Nachmittag her und so gelang es ihm sich selbst und Constanze Sämig an den zahlreichen Rosenbüschen vorbei zur Terrasse zu bugsieren. Diesmal jedoch war die Tür wohlverschlossen. Allem Anschein nach war niemand zuhause. Albert lauschte sicherheitshalber noch ein wenig, dann warf er mit einem Geranientopf ein Kellerfenster ein. Albert war fast ein wenig enttäuscht als alles ruhig blieb. Keine

Alarmanlage und die Nerburger Nachbarschaft kümmerte sich in erster Linie um das Erotiknachtprogramm denn um klirrende Fensterscheiben. Er wandte sich zu Constanze.

„Warten sie einen Augenblick, ich öffne ihnen von innen die Terrassentür."

Damit schlüpfte der verkannte Erfinder in das dunkle Kellerloch. Wirklich dauerte es nicht lange bis lautlos die schwere Glastür zurückschwang und Albert Klönleins grinsende Gestalt im Rahmen sichtbar wurde.

"Willkommen im Hause Ritter! Tretense ein, bringen'se Glück herein." Constanze Sämig begann zu begreifen.

„Ah, dies ist doch nicht etwa das Haus aus dem Sie in so passender Verkleidung fliehen mußten?"

„Erraten meine Liebe, erraten! Kommen Sie, kommen Sie."

Er stapfte voran zum Schlafzimmer.

„Sehen Sie nur, hier der Schrank, und dort", Klönlein zog den Schrankverschlag zurück, „das Funkgerät und alles."

Constanze Sämig hatte sich auf die riesige weiche Schlafstatt fallen lassen und sah sich um. Albert Klönlein, durch den Anblick seiner früheren Wirkungsstätte in Stimmung geraten, begann erneut zu erzählen und vergaß dabei nicht hier und dort etwas auszuschmücken: „Ich also los, in einer Hand ein Schwert, in der anderen den Morgenstern. Ich wollt's ihnen so richtig zeigen. Aber nun, man ist ja ein gutmütiger Mensch."

Bestätigung heischend sah er sich nach Constanze um. Die war über seiner packenden Schilderung eingeschlafen und lag friedlich zusammengerollt da. Die Anstrengungen des Tages machten sich bemerkbar. Albert mußte sich eingestehen, dass auch er ziemlich erschöpft war und eine Mütze voll Schlaf vertragen konnte. So ließ auch er sich auf die Matratze fallen, warf einen letzten Blick auf die schöne Constanze und war auch schon im Reich der Träume. Die Sonne stand schon hoch am Himmel als Albert aus einem besonders feuchten Teil seines Traumes gerissen wurde. Jemand bediente wie närrisch die Türglocke.

Gebückt, fast schon auf allen vieren, jedes unnötige Geräusch vermeidend schlich Albert auf den Flur hinaus und auf die schwere Holztüre zu. Mit jedem Meter verdoppelte sich Alberts Pulsfrequenz. Er war an der Tür, als das Läuten abrupt verklang. Albert verharrte und wartete. Auf was er wartete, vermochte er im Moment selbst nicht zu sagen. Hauptsache irgendetwas würde geschehen, etwas worauf er reagieren konnte, nicht agieren mußte. Dieses etwas kündigte sich mit einem leisen Scheppern an und entpuppte sich als postkartengroßer oranger Zettel, der durch den Briefschlitz in der Türe hereingesegelt kam, direkt vor Alberts Füße. „Leider konnten wir Ihr Paket nicht zustellen...“ usw war da zu lesen.

Der anonyme Klingler war kein anderer gewesen als der posteigene Paketzusteller. Erleichtert griff Albert nach dem Zustellschein und erhob sich. Jetzt merkte er auch, dass er seit Stunden nichts vernünftiges mehr getrunken und gegessen hatte, den Eintopf der Soldaten hatte er dankend abgelehnt. Schnurstracks machte er sich auf die Suche nach Annegrets Küche, nach Bier und einem Snack. Gleich die erste Tür erwies sich als die richtige. Der Kühlschrank war voll, ganz so als hätte Annegret Befürchtungen, der dritte Weltkrieg stünde vor der Tür. Albert fischte das Tablett zwischen Kühl- und Geschirrschrank hervor und begann nach Herzenslust aufzuladen. Er griff mit beiden Händen zu, denn auch Constanze hatte sicherlich nichts gegen ein Nachtmahl einzuwenden. Das Bier erschien Albert bedeutend zu warm, weshalb er das Eisfach öffnete. Doch statt gefrorenen Wassers fand sich darin ein in Leder gebundenes Büchlein. Die Initialen „AR“ waren in Gold in das Oberleder eingelassen. Albert legte das Buch dazu. Vollbeladen mit den Schätzen aus Annegrets Küche tappte er in das reinweiße Wohnzimmer zurück. Kühle Nachtluft wehte durch die geöffnete Balkontür herein. Albert breitete seine Beute auf dem Tisch aus und legte für sich und Constanze ein Gedeck auf. Fast wäre er versucht gewesen ein fröhliches Liedchen zu pfeifen, wenn ihm nicht plötzlich zwei Dinge in den Sinn gekommen wären, die ihm die gute Laune zu verderben drohten.

Erstens, seit wann stellt die Bundespost ihre Pakete mitten in der Nacht zu?

Und zweitens, wo war die schlafende Constanze geblieben?

Je mehr Albert über die offene Balkontür, die mysteriöse Postzustellung und Constanzes Verschwinden nachdachte, desto mulmiger wurde ihm. Fast mechanisch öffnete er eine Bierflasche und sog sie gedankenverloren und durstig halb aus. So sehr es ihm mißfiel, er mußte etwas unternehmen. Doch zuvor sollte sein wertvollster Fund gesichert werden. Er grapschte nach dem gekühlten Lederbüchlein und barg es in den Tiefen seiner Joggingjacke. Die Bierflasche zurückstellend drehte er das Licht aus und schlich vorsichtig auf die immer noch offenstehende Balkontür zu. Vorsichtig spähte er ins Freie. Über den Dächern der Siedlung konnte man gerade die ersten fahlen Versuche des Tages erahnen. Albert Klönlein, um Deckung bemüht, obwohl er nicht genau wusste vor wem er sich verbarg, begab sich hinaus. Er wollte sich erst einmal ums Haus schleichen um festzustellen ob an der Eingangstür noch irgendwas von seinem geheimnisvollen Paketzusteller zu sehen war. Gerade als der gewitzte Erfinder um die Hausecke lugte, die den Blick auf Einfahrt und Haustür freigab, startete auf der Straße vor dem Haus eine Limousine mit abgedunkelten Scheiben und raste mit quietschenden Reifen davon.

„Ein Postauto war das nicht!", kombinierte es messerscharf in Alberts Hirn. Er setzte seine Inspektion fort. Bald stand er wieder in Annegret Ritters Wohnzimmer, nur unwesentlich schlauer als vorher. Alberts Ratlosigkeit steigerte sich mit jeder Runde, die er unruhig um den weißen Wohnzimmertisch drehte. Da war es ihm gerade recht, dass sein Körper ein weiteres Bedürfnis anmeldete. Systematisch wie immer suchte er im Haus nach dem Erleichterung versprechenden Ort. Bei der vierten Tür hatte er Glück. Sein Blick fiel auf die selbstverständlich schneeweiße Schüssel. Der gepeinigte Erfinder hatte die Jogginghose schon fallengelassen als er bemerkte, dass er sich nicht alleine im Badezimmer befand. Aber seine hektisches Wiederhochziehen seiner Beinkleider war umsonst. Die Person bemerkte von alledem nichts. In der Badewanne lag, ein Bild des tiefsten Friedens, Constanze Sämig, schlief tief und fest und es lag wohl an ihrem Traum, der sie eifrig am Daumen ihrer linken Hand nuckeln ließ.

Erleichtert ließ Albert die friedlich schlummernde Constanze im Badezimmer zurück, nicht ohne sich vorher von der richtigen Temperatur ihres „Wasserbettes" zu vergewissern. Ein friedvoller Morgen kündigte sich an und die ersten Strahlen des Tageslichts brachen sich in Alberts tiefgelbem Urin, der von der Ligusterhecke zu Boden tropfte. Klönlein war eben auf dem Weg zurück in das Wohnzimmer als im Gebüsch die Zweige raschelten. Vom vielen in Deckung gehen hatte der fahrige Endzwanziger mittlerweile einen tüchtigen Muskelkater in den Oberschenkeln. Gehockt spähte er, die Zähne zusammen gebissen, in Richtung der Sträucher, konnte aber niemanden erkennen. Albert wollte sich eben umdrehen, als ihn ein Schlag ins Gesicht vollends zu Boden streckte. Fast gleichzeitig spürte er etwas warmes, feuchtes über sein Gesicht gleiten.
Beim Versuch davon loszukommen griffen seine umhersuchenden Hände in ein dichtes, struppiges Fell.
„Paulus!" Albert rappelte sich auf.
Immer wieder sprang der Mischling an seinem Besitzer hoch. Leckte ihm Gesicht und Brust.
„Paulus, dich hab ich ganz vergessen, alter Knabe"
Der Vierbeiner war außer sich vor Freude und auch Albert glaubte nun eine Wende in den Geschehnissen zu erkennen, denn was kann stärker sein als ein Mann und sein Hund. Obwohl er sich eingestehen mußte dass Paulus ein ausgesprochen unfolgsamer und feiger Vertreter seiner Art war. Mit „Komm Fressi Fressi" gelang es ihm, Paulus in Annegrets Wohnzimmer zu locken. Nicht ohne Genugtuung beobachtete er die entstehende Verwüstung, die Paulus binnen Minuten in dem ehedem fast keimfreien Raum anrichtete. Paulus seinem Spieltrieb überlassend plumpste Hundebesitzer Albert in den nächstbesten Sessel, nach dem Büchlein in den Taschen seiner Jogginghose suchend. Erfolglos, es war ihm wohl bei der Wiedersehensfeier mit seinem Hund aus der Tasche gefallen. Zum wiederholten Male stakste Albert hinaus in den Garten der Rheinländerin und wäre dabei beinahe in den dunklen massigen Mann gerannt, der unbewegt vor ihm

aufragte und mit dem Büchlein vor seiner Brust wedelte.
„Morge‘ gute‘ Mann. Suche‘ Sie da‘se da?‘"

Albert geriet ins Stammeln:
„Äh, ah, ja. Eigentlich schon.‘"
Irgendetwas an dem großen, massigen Mann mit dem
fremdländischen Akzent machte ihn mißtrauisch. War es das
zerschundene Äußere oder die hochnäsige Herablassung die der
Fremde im Ton hatte, Albert beschloß äußerst vorsichtig zu sein.
Der bullige Mann zwang sich zur Höflichkeit.
„Sie werde verstehe‘, dass ich sie frage‘ muß, wo ich denn die
Besitzerin des schöne‘ Anwesens find. Ich möcht‘ namlich Frau
Annegret spreche‘. Und wenn sie schon dabei sin‘, dann erkläre
Sie mir doch bitte, was sie hier mache‘ und wer sie sin‘!‘"
Albert, der einfallsreiche Erfinder, bat den unerwarteten Besuch
erst einmal ins Wohnzimmer, von dem Paulus inzwischen restlos
Besitz ergriffen hatte, und bot ihm einen Platz an.
„Mein Name ist Klönlein, Albert Klönlein, Annegrets Nachbar.
Frau Ritter läßt mir immer die Schlüssel da, wenn sie verreist.
Ich schau dann nach den Blumen und so. Und mit wem habe ich
denn das Vergnügen?‘"
Der Fleischklotz antwortete brummelnd:
„Meine Froinde nenne‘ mich B‘onzo.‘", wobei er das Wort
„Freunde« ganz eigenartig betonte und sich mißtrauisch umsah.
„Na gut, Bonzo,‘", wurde Albert umgänglicher, „darf ich Ihnen
etwas anbieten? Kaffee vielleicht, oder Bier?‘" Der kräftige
Fremdländer fuhr hoch.
„Nix Bonzo, B‘onzo heiß‘ ich! Verstande‘?‘"
Klönlein mußte schlucken:
„Sag ich doch, Bonzo! Nichts für ungut!‘"
Die unförmige Masse im bequemen Sessel lief dunkelrot an.
Fingerdicke Adern traten an dem stierähnlichen Hals hervor.
„B‘onzo, heiß‘ ich, B‘onzo. Zum alle‘letze‘ Mal! B‘onzo! Kla‘!?‘"
Wie um Luft wedelnd, ruderte der Erregte mit den Armen nach
einem auf dem Couchtisch liegenden Fettstift und schrieb mit
krakeliger Schrift die Lettern B R O N Z O auf die Sitzfläche des
reinweißen Ledersofas. Albert Klönlein versuchte zu retten, was

zu retten war: „Oh. Verzeihung. Wie außerordentlich tölpelhaft von mir. Herr Bronzo. Entschuldigung, tut mir wirklich leid, Herr Bronzo."

Langsam beruhigte sich der so Angesprochene wieder und lehnte sich in seinem Sessel zurück. Die peinliche Situation wurde durch einen spitzen Schrei durchbrochen. Unter der Tür stand eine totenblasse Constanze Sämig, starren Blickes mit ausgestrecktem Arm und leicht gekrümmtem Zeigefinger auf den Eindringling weisend.

Mit den Worten „Und das ist Frau Ritters Putzfrau" war Albert aufgefahren und neben Constanze getreten. Eine tiefe Kuhle im Polster verriet den Platz, wo es sich Bronzo noch vor wenigen Minuten bequem gemacht hatte. Der stand mittlerweile, verschmitzt lächelnd, neben seinem Sessel. Constanze, immer noch am ganzen Leibe zitternd, deutete vage in Richtung des dunklen Eindringlings. „Das ist Herr Bronzo, ein Freund unserer Freundin Annegret". Alberts gutgemeinten Arm von ihrer Schulter stoßend rannte Constanze hinaus auf den Gang. Sekunden später dran gen wenig damenhafte Laute zu den beiden Männern herein, und es war klar, dass sich Constanze in Annegrets, aus weißem Marmor geschlagene, Toilette übergab. Fast gleichzeitig bemerkte Albert den eigentümlichen Geruch. Seltsamerweise schien der Ursprung des Gestankes weniger bei Constanzes Erbrochenem als vielmehr bei Bronzo zu liegen. Aber auch der Zweizentnermann hatte Wind von der Sache bekommen und schnupperte unüberhörbar in die Luft. Einen Atemzug später flüchteten sich Albert und Bronzo durch die Terrassentür ins Freie hinaus. Zurück blieb Paulus, der, hochaufgerichtet neben Bronzos Sessel thronte. Vor seinen Pfoten lag der reichlich mitgenommene Kadaver einer Katze, welcher aber immer noch ausreichend Nahrung für die zahllosen Fliegenmaden bot, die sich gelblich schimmernd, wie eine Woge lebender Eierspätzle, ihren Weg durch den verwesenden Körper des toten Mäusefängers fraßen. Sie waren die Nutznießer einer ausgewogenen Fratzi Katz Ernährung, die neben einem seidig glänzenden Fell auch ansehnliche Fettpolster hatte entstehen lassen. Einige von ihnen waren, wohl in der Hoffnung auf noch fettere Beute, bereits in den Teppich übersiedelt. Draußen japsten die beiden Männer nach Frischluft, ganz in der Art großmäuliger Karpfen, denen es am Weihnachtsabend in ihrer Badewanne langsam unwohl wird.

„Und was isse das?" fragte Bronzo, als sich sein Magen wieder zu senken begann, die Terrassentür ins Auge fassend.

„Isse das i'he ‚aumbelüftung?"

Mit einer Hand faßte er Albert am Revier und zog ihn zu sich heran.

„Mi ste', Sie sin mie eine g'oße Lügne. Iche wil wisse wase Sie hie tun" Die andere Hand ballte sich zur Faust und baute sich drohend über Alberts noch ungebrochener Nase auf.

„Ivanhoe für Artus kommen!"...

Achim Schemel starrte auf den Sekundenzeiger der großen runden Wanduhr und ließ seine Gedanken schweifen. Er saß immer noch in dem großen unter irdischen Raum und wartete darauf dass die Zeiger den Winkel bildeten, der einem gebildeten Mitteleuropäer drei Uhr signalisierten. Seine Finger spielten gedankenverloren mit der Taschenlampe die Annegret aus einem der Wandschränke gezaubert hatte. Er hatte immer noch Mühe die Informationen die ihm die adrette Rheinländerin gegeben hatte auf die Reihe zu bekommen. Wahrscheinlich auch deswegen weil alle kriminellen Handlungen, ein schließlich Handel mit Waffen, Geheimdokumenten, Drogen, Frauen, Kindern und Organen in ihm schon immer einen ungeheuren Ekel verursacht hatten. Und was hatte die schöne Annegret nur gemeint als sie mit glühenden Augen voller Enthusiasmus auf ihn einredete, dass ihre Zeit nun bald gekommen sei, dass durch den neuen Ostteil des Landes ihre Bewegung ungeheuren Zu lauf fände und dass man nun bald wieder stolz sein könne in diesem Land zu wohnen? Naja, immerhin hatte sie ihm geholfen aus diesem wunderlichen Schloß zu entfliehen. Immerhin. Pling. Der große Zeiger klickte auf die Zwölf. Nerburgs Playboy verscheuchte seine grüblerischen Gedanken. Nun war Zeit zu handeln. Er verließ den großen Saal durch eine zweite Tür und tapste im Schein der Taschenlampe den dunklen Gang entlang, der sich ihm auftat. Als Schemel schon glaubte der Gang habe kein Ende, sah er, genau wie Annegret es ihm beschrieben hatte eine Falltür an der Decke des Ganges. Mit einiger Anstrengung zog er die Bodenleiter zu sich herunter und stieg vorsichtig nach oben. Er war einigermaßen überrascht sich in einer Art Laden wieder zufinden der offensichtlich Golfzubehör verkaufte. Achim Schemel befand sich im Pro-Shop eines Golfplatzes. Komplette Schlägersatze waren an den Wänden aufgereiht, Der kleine Raum war vollgestopft mit allem Nötigen und Unnötigen was das dekadente Golferherz begehrte. Doch dafür hatte der in der weißen Kapuzenkutte steckende Mann keine Zeit. Er öffnete geräuschlos eins der Fenster und schlüpfte ins freie. Er sah sofort, dass er sich auf dem schloßeigenen Golfplatz befinden mußte. Nach kurzer Orientierung entdeckte er eine Anzahl dieser Elektromobile, mit denen sich nicht nur geh behinderte Prestigegolfer über die Fairways fahren lassen. Geschwind er kletterte er eins der Buggys, startete es geübt und lenkte es über den Golfplatz bis die Dunkelheit ihn verschluckte. So konnte er auch nicht hören was ein Soldat mit rußgeschwärztem Gesicht nur zwanzig Meter vom Clubhaus entfernt in sein Funkgerät sprach:

„Melde Herr Oberst, eine Meldung!"
Sichtlich aufgeregt stand da Leutnant Hauptmann inmitten des Kommandozeltes und wartete darauf aus seiner Habt-Acht Stellung erlöst zu werden, den Atem mühsam unter Kontrolle haltend, denn er war die Strecke vom Funkfahrzeug zum Zelt des Obristen wie ein Wilder gerannt. Der Schein der mageren Zeltbeleuchtung war auf die große Karte fixiert, die jetzt von einer Wand des Zeltes herabhing. Zwei Offiziere waren immer noch emsigst beschäftigt, rote und blaue Linien zu darauf zu übertragen, ganz, als gelte es, die Karte für den Feind vollkommen unleserlich zu machen. Hingerissen beäugte der Oberst das Werken der beiden Soldaten, einen kleinen Panzer in den Händen haltend, wandte sich aber dann doch dem schweratmen den Leutnant zu:

„Rühren und reden Sie!"

„Melde, Eichhörnchen Zwo hat soeben gemeldet, dass verdächtiges Objekt anderes verdächtiges Objekt als Mönch verkleidet verlassen hat. Eichhörnchen Eins hat sich an die Spuren des verdächtigen Objektes geheftet."

Hauptmann verspürte das dringende Bedürfnis, den Kragen seiner Kampfjacke zu lockern, beließ es aber dabei.

„Wunderbar"

Der Panzer flog quer durch das Zelt, klatschte gegen den Stoff und plumpste zu Boden,

„Bereiten Sie Operation Götterdämmerung vor und melden Sie mir, wenn Sie etwas zu melden haben!"

„Jawohl!!"

Leutnant Hauptmann schmetterte sich die Handkante gegen die Stirn und eilte benommen hinaus. Währenddessen stolperte Achim auf seinen eigenen nackten Füßen durch das ihm unbekannte Gelände. Sein Electric-Caddy 2000 getauftes Gefährt hatten die Batterien verlassen und so hatte er es mit Wehmut im Wald zurücklassen müssen. Der weit herabhängende Saum der wenig kleidsamen Kutte behinderte ihn beim Gehen, also raffte er das Gewand, bis Unterkante Kniehöhe und verzurrte den übrigen Stoff um seine Hüfte. Nach einer weiteren Stunde Fußmarsch hatte ihn der grobe Stoff um die Taille wundgerieben. Achim ließ den Saum wieder fallen und tappte beim ersten Schritt prompt auf das Gewand, verfing sich mit den Zehen in einer Naht, was nichts anderes bedeutete, als dass er händeringend und gleichgewichtsuchend in den weiten Graben zwischen Wald und Feld weg purzelte, gerade als am anderen Ende des Weges der tanzende Lichtball einer Taschenlampe sichtbar wurde.

Dem gestrauchelten Lebemann war sofort klar, dass er sich effektiver verbergen mußte. In seiner hellweißen Kutte war er nachts so gut zu sehen wie ein Scheinwerfer. Rasch schob er in das Dickicht des Waldsaums und versuchte sich mit Zweigen und Blättern so gut es ging zu überhäufen. Der tanzende Taschenlampenfleck kam konstant näher. Schemel begann schon zu überlegen welche Ausrede im Fall seiner

Entdeckung wohl die glaubwürdigste sein würde als ihn urplötzlich ein großes dunkles Wesen anfiel. Der Soldat mit dem Decknamen „Eichhörnchen Eins« hatte keine Mühe den zu Tode erschrockenen Playboy zu überwältigen. Dazu hätte es nicht einmal seiner Einzelkämpferausbildung bedurft. Mit einem gezielten Handkantenschlag stellte der Uniformierte sicher, dass sich Achim Schemel die nächste halbe Stunde nicht etwa selbst verletzte. Sekunden später war Schemel nach bester Fremdenlegionstradition notdürftig mit seiner eigenen Kutte gefesselt. Der Soldat erhob sich wieder und lief winkend dem nahenden Lichtkegel entgegen:

„Hallo ich bins, Eichhörnchen Eins, ich hab die verdächtige Person festgesetzt. Liegt da vorne im Gebüsch und rührt sich nicht."

Er erhielt keine Antwort. Der Soldat blinzelte in den Schein der Taschenlampe, die ihm voll ins Gesicht blendete. Nur schemenhaft konnte er die Umrisse von vielleicht einem Dutzend Männer erkennen. Ihm wurde langsam klar, dass er einen Fehler begangen hatte.

„Soso, Herr Eichhörnchen, Sie haben also eine Person festgesetzt. Das ist ja außerordentlich spannend. Wenn ich Sie jetzt trotzdem bitten dürfte sich ganz langsam ihrer Bewaffnung zu entledigen und sie vor sich auf den Boden zu legen."

Der Unbekannte nahm die Lampe etwas zurück und der übertölpelte Soldat konnte direkt in die Mündung einer Maschinenpistole sehen. Er schluckte. Vorsichtig entledigte er sich seines Sturmgewehres und seines Kampfmessers und warf beides vor sich auf den Boden.

„Die Munition auch wenn ich bitten dürfte. Und keine Tricks.", tönte es hinter dem Lichtkegel hervor. Während Eichhörnchen Eins der Aufforderung folge leistete, gab die Stimme in einer fremdländischen Sprache nach hinten einige Kommandos. Wenig später war der Unterschied zwischen dem Soldaten und Achim Schemel der, dass seine Fesseln ordentliche Handschellen waren.

Aus seinem unfreiwilligen Versteck heraus konnte Achim

beobachten, wie sich zwei mehr als kräftig wirkende Gestalten zu Eichhörnchen Eins herabbeugten und dem geknebelten Wehrpflichtigen eine armdicke Holzlatte durch die gefesselten Arme und Beine schoben. Ganz in der Art kolonialistischer Großwildjäger hieften sie die Stange mit Eichhörnchen auf ihre Schultern und holten zur sich entfernenden Gruppe von Unbekannten auf. Bald waren auch sie im Dunkel des Waldes verschwunden. Achim war klar, dass er so schnell wie möglich von hier weg mußte, aber Eichhörnchen Eins hatte ihn so kompakt verpackt, dass er nicht einmal einen Finger, geschweige denn einen Arm oder ein Bein bewegen konnte. Der Knebel im Mund behinderte ihn zudem beim Einatmen der frischen und gesunden Waldluft. Nach einer gewissen Zeit und großer Mühe gelang es ihm schließlich, sich auf die Knie zu stellen. Mit Schwung versuchte er seinen Körper nach oben zu werfen, um so auf die Füße zu kommen. Erfolglos kippte er vornüber in den weichen Waldboden. Nur wenige Zentimeter von seinem rechten Auge entfernt schickte sich eine Raupe an einen Baumschößling zu erklimmen, wohl in der Absicht ihn kahl zu fressen. So mußte es gehen, Achim erhob sich wieder auf die Knie und warf den Oberkörper so weit wie möglich nach vorne, wieder landete er im feuchtfrischen Waldboden. Alsdann zog er die Knie bis an das Kinn zu sich heran, erhob sich wieder und ließ sich wieder nach vorne fallen. Knie zum Kinn usw. Wie eine überdimensionale Raupe kroch Achim über den Waldboden. Der Bestand an Nadelbäumen nahm immer mehr zu, Achim konnte dies deutlich fühlen. Unüberhörbar Luft ziehend blieb Nerburgs Lebemann liegen. Die letzten Stunden hatten tiefe Spuren in und an ihm hinterlassen. Kurz darauf war er eingeschlafen. Albert träumte von Ibiza, knackigen Popos und coolen Drinks, er lag am Strand und lebte sein Leben. Die Sonne bräunte sein ebenmäßiges Gesicht. Dann versengte sie es. Albert schrie auf, jeder Quadratzentimeter seiner ungeschützten Haut brannte, als wäre ein Säureregen darauf niedergegangen. Sich aufbäumend erwachte Albert aus seinem Alptraum und erblickte vor sich einen etwas 1 m hohen Waldameisenhaufen. Überall an ihm krabbelten die kleinen schwarzroten Biester. Albert wälzte sich am Boden und ergriff mit Knie/ Kinn, Knie/Kinn Bewegungen die Flucht. Nach wenigen Metern durchrobbte er einen schlammigen Graben, was etwas Linderung brachte, worin er aber beinahe erstickt wäre. Achim gelang es dem zu entkommen, und sein äußerst schmerzhaftes Aufschlagen bedeutete nur, dass er sich abermals auf einem gekiesten Waldweg befand. Ohrenbetäubender Lärm, einhergehend mit dem Vibrieren des Bodens deuteten ihm an, dass noch längst nicht alles überstanden ist. Ein riesiges Kettenfahrzeug drohte ihn zu zerquetschen. Achim hatte schon den berühmten letzten Film im Kopf eingelegt, als der Panzer Zentimeter vor ihm zum Stehen kam. Achim kauerte genau vor der rechten Kette, und die begrub Teile seiner Kutte unter sich, kein Entkommen.

Schemel bemerkte, dass offensichtlich einige Soldaten das gepanzerte Fahrzeug verließen und um das Stahlmonster herum Aufstellung nahmen. Einer der getarnten Gesellen lehnte sich direkt neben Nerburgs nonchalantem Nachtschwärmer an den Kettenlauf. Schemel hörte wie der Soldat sich ein Streichholz anriß und kurze Zeit später kroch der beißende Rauch einer sehr minderwertigen Zigarette in sein empfindliches Näschen. Der gefesselte Gigolo wäre an dem folgenden Hustenkrampf fast erstickt. Immerhin erreichte er so seine Absicht, man entdeckte und entschnürte ihn, sein Leben war gerettet und er konnte sich in aller Ruhe vor fünf Uniformierten auskeuchen. Achim Schemel kam nur zu gerne der Aufforderung nach und seine Geschichte sprudelte aus ihm heraus wie warmer Champagner aus der Flasche. Dem kommandierenden Unteroffizier wurde schnell klar, dass er hier überfordert war. Er hieß seine Besatzung wieder auf den Panzer klettern. Achim Schemel wurde in einem freien Eck zwischen Granaten, Kurbeln und Schaltern verstaut und los ging die höllische Fahrt. Der verwöhnte Playboy war noch nie mit einem Panzer gefahren und es gab während des kurzen Ausflugs Momente an denen er sich wehmütig an seine robbende Fortbewegungsart zurückerinnerte. Komplett zerschlagen wurde er von zwei Gefreiten nach einer kurzen Fahrt aus dem stählernen Ungetüm gehievt und in ein Zelt geleitet, ähnlich dem in dem wir vor kurzem Leutnant Hauptmann wirken sahen. Der Uniformierte allerdings, der sich hier hinter einem schreibtischartigen Gebilde breitmachte sah ungleich respektgebietender und vertrauenswürdiger aus.

So lädiert Schemel auch war, in seinem weißhaarigen Gegenüber erkannte er den Gentleman und er faßte vertrauen zu dem Mann. Hätte sich der eingefleischte Zivilist Schemel etwas mit militärischen Rangabzeichen und Dekorationen ausgekannt, wäre er vielleicht nicht so jovial auf den Herrn zugegangen, hätte ihm die Hand geschüttelt und sich mit einer angedeuteten Verbeugung vorgestellt:

„Schemel, Achim Schemel!"

„Angenehm, Averhoff. Brigadegeneral von Averhoff. Aber setzen Sie sich doch. Rauchen Sie?"

Der Mann mit den streichholzkurzen weißen Haaren komplimentierte den Lebemann in einen Sessel. Schemel lehnte dankend ab, trotzdem waren die beiden Männer schnell in ein ausgiebiges Gespräch vertieft.

„Höchst interessant. Wirklich höchst interessant!", murmelte der Uniformierte endlich während er sich erhob.

„Warten Sie bitte einen Moment, ich bin gleich wieder bei Ihnen."

Mit diesen Worten verschwand Brigadegeneral von Averhoff aus dem Zelt. Es dauerte geraume Zeit bis er mit einem großgewachsenen massigen Mann wiederkehrte, von dem Achim Schemel im Zwielicht nur erkennen konnte, dass er eine Brille trug.

„Dort, Herr Bundeskanzler, das ist der Mann."

Albert ließ Bronzo mit einem Fetzen seines Jogginganzuges stehen und hetzte ins Wohnzimmer zurück. Das Geschehene waren so verworren, dass es ganz einfach miteinander in Verbindung stehen mußten. Sekunden später war Albert an der Haustür, geradezu panisch suchte er deren nähere Umgebung nach dem orangefarbenen Zustellschein ab.

„Ivanhoe für Artus...Ivanhoe für Artus..", noch immer quäkte die Stimme aus dem Funkgerät. Ein dumpfes Krachen und Ruhe kehrte ein. Constanze, wunderschön schneeweiß anzusehen, hatte sich unbemerkt zum hektisch herumsuchenden Albert gesellt.

„Seit wann gibt es im Waldschlößchen eigentlich eine Paketausgabe?"

„Rufen Sie doch die Auskunft an, die wird es Ihnen schon erzählen" zischte Albert hervor und begann den Teppich aufzuheben. Fast etwas boshaft, sicher aber schmerzhaft für Albert, stieß ihm Constanze die zu einem Röllchen gedrehte Paketkarte ins rechte Ohr.

„Wer nicht hören will muß fühlen!"

Albert überflog den aufgedruckten Text.

„Jetzt wird mir einiges klarer", sprachs und eilte hinaus zu Annegrets Zeitungsbox.

Die Nerburger Neuste war schon angeliefert und mit dem Griff des routinierten Lesers zog Albert den Lokalteil heraus. Auf Seite eins, unter dem Titel ‚Putsch des Militärs!' waren drei große Fotos. Eines zeigte deutlich den gut verschnürten Polizisten Hirsch mit einigen Kollegen, im Hintergrund schwerbewaffnete Soldaten. Aus einer von Annegrets Schränkchen zauberte Albert einen Briefumschlag hervor, steckte den Artikel, sowie die Paketkarte hinein und adressierte das Ganze an: ‚Polizeipräsidium Nerburg -Gebühr bezahlt Empfänger'. Dann hastete er ins Wohnzimmer zurück. Vor dem Wandschrank, in unmittelbarer Nähe der Funkanlage, lag Bronzo, offensichtlich bewußtlos, wie aus seiner äußerst unbequem anmutenden Körperhaltung zu schließen war.

Eine der Schranktüren war gesplittert, ganz als wäre ein Rammbock oder Bronzos Kopf in sie hineingefahren. Beim Versuch das Funkgerät schnell zu erreichen war Bronzo auf die tote Katze getreten und auf dem schlüpfrigen Brei aus Maden und verwesendem Fleisch ausgeglitten. Deutlich zog sich eine gelbrote Spur über den Teppich. Albert hievte den Dicken in eine angenehmere Ruhelage, nahm das Lederbüchlein wieder an sich und trat ans Funkgerät:

„Artus für Ivanhoe...Identifizierung Bravo Zwo Tango...wir kommen....Ende".

Zurück in der Küche griff er ohne viel Fragens nach Constanzes Hand und zog sie mit hinaus auf die Straße.

Albert hatte nur eine vage Vorstellung was er jetzt eigentlich zu tun hatte, aber die verdichtete sich bald zu so etwas Ähnlichem wie einem Plan. Er zerrte Constanze noch immer hinter sich her um ein paar Straßenecken zu einem dreigeschossigen Haus in dessen Parterre, weithin sichtbar, sich die Kneipe „Zum irren Iren" befand.

Der Wirt dieser Spelunke, der gleichzeitig über seiner Restauration wohnte, ein gewisser Paul „Pauli" Hubmann bezeichnete sich manchmal, wenn Albert schon sechs oder sieben große bittere Guinness-Biere getrunken hatte, als dessen Freund. Der Paul Hubmann, das war so einer, der lief immer in geflickten Jeans, Holzfällerhemd und Lederweste herum, machte auf Alternativkneipe, spekulierte aber insgeheim im großen Stil mit Aktien und hatte sich erst vor kurzem von einem satten Gewinn einen GM Traveller 2010 gekauft. Dieses Wohnmobil mit allem Schnickschnack war Paulis ganzer Stolz. Und auf diesen Stolz hatte es Albert Klönlein abgesehen. Zu einer für einen Wirt unzumutbaren Zeit, es war gerade sieben Uhr morgens, realisierte Pauli, dass das penetrante Klingeln im Hintergrund nicht der große Börsenschlußgong war. Sein Traum zerfaserte langsam und noch als er die Treppen hinunterstieg um die Haustür zu öffnen, murmelte er verschlafen:
„Verkaufen, verkaufen!"
Noch genauso verschlafen und wie durch einen dichten, dämpfenden Nebel hindurch nahm er zwei Gesichter wahr, von denen eines ständig hektisch auf ihn einquallte. Eigentlich gelangten nur immer wieder die selben Worte zu seinem Hörzentrum durch: „...Wohnmobil...Schlüssel...leihen...sofort... bittebitte...!"
Paulis extremer Müdigkeit hatte es Albert wohl zuallervörderst zu verdanken, dass er, selbst überrascht, die Wagenschlüssel in die Hand gedrückt bekam. Mit einem gähnenden:
„Das Ding steht um die Ecke.", zog der schläfrige Wirt die Tür hinter sich zu.

Verdutzt blickte Albert in Constanzes Gesicht:

„Los komm, das wir vielleicht ‚ne Sause!"

Kurz darauf saßen beide im Cockpit des Campers der Zukunft und Albert quasselte munter drauflos:

„Jetzt setzen wir uns erst einmal ab. Drunten, in Italien, da lebt ein Halbbruder von mir. Den wollte ich schon lange einmal besuchen. Er wollte ja auch immer Erfinder werden, aber der große Durchbruch ist ihm bisher nicht gelungen. Kein Wunder bei diesen Erbanlagen. Eigentlich ein armer Kerl, der Adolf."

Kaum hatte Albert den Camper aus der Parkbucht herausgesteuert schien der fluchtartige Erholungsurlaub auch schon wieder zu Ende. Um Haaresbreite gelang es dem erholungssuchenden Erfinder einem Kleinbus auszuweichen der mit irrwitziger Geschwindigkeit die Gasse entlang brauste. Bei dem Versuch, dem Bus einen möglichst peppigen Anstrich zu verpassen hatte der Lackierer das Auto optisch gründlich versaut. Dieser augapfelreizende Farbklecks bremste auch noch scharf ab und Albert war abermals gezwungen in die Eisen zu steigen. Deutlich zog sich ein Schriftzug über all die extra schrägen Lackflecken. „DYNAMIT" war zu lesen, daneben etwas kleiner „Das Magazin" und darunter in schwarz „Wir bringen die Realität auf den Bildschirm".

Albert wußte sofort wen er vor sich hatte, eine jener Ausgeburten des Privatfernsehens, die tagtäglich bestrebt waren das Fernsehen neu zu erfinden. Die Programmzeitschriften quollen über mit diesen ‚Exklusivberichterstattern' und selbsternannten Wahrheitsfindern. Denen war kein Thema zu dämlich, oder zu heiß, wie sie es in ihrem Programmdeutsch nannten. Und ehe Albert sich versah, sah er auch schon ein blaßrosa Mädchen auf ihn zulaufen, einen älteren Mann im Schlepp, der über deutlich eine Kamera vor sich hertrug. Zuletzt, mehr wankend als gehend folgte dem Duo noch ein junger Mann, schwer beladen mit Mikrophonen, Kabeln, Akkugürteln, Tonmischer und Handlampen.

„Halt auf ihn drauf, mach eine Subjektive" wetterte das Mädchen, Typ höhere Tochter, nach hinten und riß die Fahrertür zu Alberts

Fluchtfahrzeug auf.

Fast gleichzeitig spürte Albert unter seiner Nase etwas weiches, schaumstoffartiges und erkannte, wenn auch doppelt, da schielend, ein Mikrophon, das ihm der überladene Jüngling ins Gesicht bohrte. „Mensch nimm das Mikro tiefer! Wo bleibt weiß!"

Nach diesen Worten des Kameramannes wurde das Mikro von einem weißen Blatt abgelöst.

Dieses verschwand wieder mit dem „Ok - wir laufen".

„Herr Klönlein, nein streiten Sie nichts ab", dabei ließen sie Albert gar keine Gelegenheit sich zu bewegen oder etwas zu sagen.

„Wie erklären Sie der Öffentlichkeit ihr gewalttätiges Vorgehen?".

Der Mikrofonwindschutz in seiner vorderen Zahnreihe ließ Albert keine Chance zur Antwort.

„Herrgott wir haben keinen Ton"

„Himmel noch mal, macht mir Bilder, wieso kein Ton? Macht Bilder" keifte die Redakteurin. Die Stimmung im DYNAMIT Team schien explosiv.

„Wenn ihr mir keine Superbilder macht dann gibt es Ärger"

„Du kannst deine Bilder gleich alleine machen, du Rotzlöffel, will einem bejahrten Kameramann sagen was er zu machen hat und was nicht. Lern du erst mal die Grundregeln des Journalismus!" Binnen kurzem war die schönste Keiferei im Gange.

Und erst das „Eh Leute, was soll der Ärger, schaut euch um, ich glaube die sind weg" des Assistenten brachte kurzzeitig Ruhe ins Team.

Albert Klönlein hatte den überfallartigen Interviewversuch schon fast wieder vergessen während Constanze etwas beunruhigt erschien. „Wenn diese Presseheinis uns schon auf den Fersen sind, dann weiß doch die Polizei erst recht wo wir sind!", klagte sie fragend in Alberts Richtung.

„Aber wo," wischte der fahrende Erfinder ihre Bedenken weg und überholte derweil einen Tanklastzug, „Sie dürfen diese komische Nerburger Spezialeinheit nicht mit dem Bundesdeutschen

Polizeiapparat gleichsetzen. Da weiß doch oft eine Hand nicht was die andere tut."

Albert wurde zusehends beredsamer. Die überraschende Urlaubsfahrt schien den Junggesellen aufzuheitern. Er begann Constanze Sämig von seinem Halbbruder zu erzählen. Einer verkrachten Existenz die am Lago Panetone hausen solle und Gelegenheitsarbeiten wahrnähme. Adolf, so sein Name, hätte lange studiert, irgendwas Technisches, aber nach dem Studium, mitten in der Akademikerschwemme keinen Job gefunden und sei schließlich verdrossen nach Italien übersiedelt. Dort käme man mit weniger auch zurecht.

Unvermittelt unterbrach sich der Erfinder: „Constanze, nun sagen Sie selbst. Wir kennen uns zwar noch nicht lange, haben aber schon so manches durchgemacht. Was ich meine, äh, ich heiße Albert."

Dankbar und mit einem tiefen Blick aus ihren dunklen Augen akzeptierte die attraktive Juristin das Duzangebot.

„Constanze,", sagte sie mit einer sanften Stimme, die bei Albert Klönlein die Nackenhaare kräuselte, „oder einfach nur Conny. Wie es dir lieber ist, Albert."

Alberts Stimmung verwandelte sich in ein ausgeprägtes Sommer hoch. Er hatte eine Gefährtin gefunden. Und während er noch dabei war Constanze in seinen ursprünglichen Plan einzuweihen, nämlich sich bei seinem Halbbruder Unterstützung zu holen um den Geheimcode in Annegret Ritters Notizbuch zu entschlüsseln, näherten sich die beiden in ihrem rollenden Appartement der Staatsgrenze.

„Oh mein Gott, die Pässe!"

Während Albert mit unverminderter Geschwindigkeit auf die Alpenrepublik Österreich zusteuerte kramte Constanze in den zahlreichen Handschuhfächern des Mobilhomes nach Pässen, oder irgend welchen passähnlichen Heftchen.

„Da, Nummer eins" im hohen Bogen, die Fahrerkabine des Wohnmobiles war wirklich großzügigst dimensioniert, flog ein grünes Büchlein durch die Luft, direkt auf Alberts Schoß.

Mit der freien Linken durch blätterte Albert das Dokument. Es handelte sich um das Clubheft der „All Irish Drinker Union", deren Mitglied Paul offenbar war.

Zu Alberts Freude stand auf der Vorderseite, in großer silberner Schrift ‚Reisespaß'.

Das mußte für die österreichische Grenzkontrolle genügen. Beim Gedanken an die rotweißroten Nachbarn entsann sich Albert unwillkürlich einiger Österreicherwitze und konnte es nicht verhindern leise in sich hineinzulachen.

„Was ist Constanze? Reich mir die Pässe!" Aber Constanze wühlte sich immer noch durchs Innenleben des Campers. Albert konzentrierte sich wieder auf die Straße und stellte mit Entzücken fest, wie sie sich Kilometer um Kilometer gen Italien bewegten. Er freute sich jetzt schon auf Adolfs erstauntes Gesicht, wenn dieser ihn mit Constanze erblicken würde. Der Gute hat immer sein bestes gegeben um dem schönen Geschlecht zu imponieren, aber der Erfolg hatte sich stets in engsten Grenzen gehalten. Natürlich würden er und Constanze sofort ins Gästezimmer ziehen und natürlich würden sie sofort.. Ein leichter, er glaubte zärtlicher, Klaps auf die Backe brachte Alberts Gedanken auf die Straße zurück. Aus den Augenwinkeln heraus erkannte Albert einen neuen deutschen Reisepaß. Er nahm ihn entgegen und begann darin herumzulesen:

„Alexandra Ambra, geb. 1968"

Das Foto zeigte eine hübsches Gesicht mit schulter langen dunklblonden Haaren.

„Ich möchte wissen wer das ist, sicher eine von Pauls Freundinnen, der Schwerenöter"

„So, ich hab noch einen Paß, besser den Fischereischein von Paul, aber das dürfte gehen"

Erleichtert lächelte Constanze Albert an.

„Und der hier?"

Albert reichte Constanze den Reisepaß.

„Ich dachte der kommt von dir"

„N'tschuldigung, das ist meiner, hätte mich vielleicht früher melden sollen, aber Italien klang gut, muß mal wieder weg."

Dem ersten Begrenzungspfahl konnte Albert noch ausweichen, der Zweite zerbarst, als die Stoßstange des Campers in ihn hineinfuhr. Dann kam das Fahrzeug zum Stehen.

Im Mittelgang des Fahrzeugs stand, oder besser lehnte eine jener atemberaubenden Frauen, von denen Albert bisher geglaubt hatte, sie würden nur in umstrittenen Hochglanzmagazinen existieren.

„Ja Italien, na klar." stotterte er und lenkte den Bus auf die Straße zurück.

Alberts noch vor kurzem so glänzende Laune war seiner gewöhnlichen nervös-vorsichtigen Art gewichen.

Im Schritttempo fuhr er in einer längeren Schlange auf das Grenzhäuschen zu. Es schien erst mal gut zu gehen. Der Mann mit der bundesdeutschen Zolluniform winkte sie lässig durch. Albert Klönlein war ein wenig überrascht über die Laxheit, dachte er an die Zustände in einem Teil der Republik zurück. Nach einigen hundert Metern das rotweißrote Grenzschild der Alpenrepublik.

Freundlich und doch bestimmend bedeutete ein gutmütiges Gesicht mit etwas im Gesicht, das mal ein Kaiser-Franz-Bart werden sollte, ihnen anzuhalten. Constanze Sämig ließ das Seitenfenster herunter und langte die Reisepassersätze hinaus. Stumm durchblätterte der Grenzer den Paß und die beiden Phantasiedokumente.

„Do geh her Kurti, kumm amal her und gschaug dür dös o. Host nochhert a sowos scho amoi gseng?"

Der so Gerufene, ein etwa einseinundfünfzig großes Männlein mit der Figur einer Mozartkugel, rollte näher. Auch er überflog die Papierlappen und starrte wie schon vorher sein Kollege in das Wohnmobilinnere. Augenblicklich waren die nutzlosen Ausweise vergessen.

Drinnen nämlich räkelten sich neben einem etwas verlottert aussehenden nervösen Mann zwei Frauen von der Sorte wie sie sonst mehr oder weniger bekleidet als zerknitterte Fotografien in den Spinden der Zollbeamten hingen. Die eine blond, die andere dunkelhaarig und die schwarzen und roten Stretchkleider betonten auf eine teuflische Art die schlanken Figuren die sie eigentlich verdecken sollten. Nach einigen Minuten während

denen Albert ausführlich Gelegenheit hatte die Kunstfertigkeit der österreichischen Zahnärzte am Beispiel von Kurti und seinem Kollegen zu studieren, wurde es dem Erfinder zu bunt: „Genug geglotzt, darf ich bitte die Papiere wiederhaben?!"
Ohne eine Antwort abzuwarten beugte er sich zum Beifahrerfenster, nicht ohne durch die zufällig-beabsichtigte Berührung mit den beiden Frauenkörpern wohlig zu erschauern, grapschte nach den Pässen und tuckerte davon. Zwei statuengleiche K.u.K. Grenzwächter zurücklassend, die ihre Mäuler erst zuklappten als die ersten Regentropfen auch zwei oder drei Cabriofahrer veranlaßten ihr Verdeck zu schließen.

Mit entgegengestreckter Hand stapfte der Kanzler auf Achim Schemel zu.
„Blaib'ns doch sitz'n. Grüß Gott, ich bin d'Bundeskanzler."
Achim wäre am liebsten auf die Knie gerutscht um in tiefster Ehrbezeugung die Hand seines Gegenübers zu küssen.
Er war sprachlos und glotzte seinen Kanzler mit großen Augen an.
„Nanu, was hatt'r denn? Sie hab'n doch gesaggt, und das möchte ich eindeutig klarstellen, Sie hab'n gesaggt, er will mir eine Geschichte erzähl'n!"
Der General blickte Schemel auffordernd an. Aber der war immer noch fassungslos, vor ihm der Architekt der deutschen Einheit, Adenauers Enkel und Stellvertreter auf Erden.
„Nu' erzähl'n Sie amal, Die Hann'lore und meine Bub'n und die Zwiebl'n wadd'n auf mich. Und ich möchte noch einmal sagg'n, ich hab's eilig und bin net dumm. Oder wie der Engländ'r immer saggt: I'm heavy on wire."
Die Bedeutung dieses Treffens erahnend begann Achim Schemel mit seiner Geschichte. Immer schneller und hektischer beschrieb er die Ereignisse der vergangenen Tage und Stunden. Mit dem letzten Satz fiel er erschöpft auf sein Feldbett zurück, einen sichtlich über forderten Bundeskanzler zurücklassend.
„Das war mir zuviel, ich bin d'Bundeskanzler und keine Stenotypistin." Er fuhr sich mit der Zunge über die Lippen und dachte angestrengt nach.

„Schreib'n Sie mir jetzt ein'n Bericht. Ich muß zurück zu main Hannelore und zu main Fast'nkur'n. Abb'r vorher gehma tüchtig ess'n in die Offizierskantine."

Den tief schlafenden Schemel zurücklassend verließen der Architekt und sein General das Zelt.

Wesentlich größer war der Tumult den die Ankunft des Wohnmobiles an der italienischen Grenze auslöste. Albert fühlte sich in sein bisheriges Statistendasein zurückversetzt, besah er sich die italienischen Zöllner, wie sie ihre Nasen an der steilen Windschutz scheibe plattdrückten, nur um einen Blick auf die anziehende Frau im Innenraum zu erhaschen.

„Diese Drecksmachos" fluchte Alexandra und lächelte gewinnbringend nach draußen. Constanze, die deutlich weniger dem italienischen Geschmack entsprach, saß auf dem Beifahrersitz und verteilte Kußhändchen. Wenn das so weiter geht dachte Albert bei sich, war es vielleicht doch ein Fehler gewesen Alexandra mitzunehmen. Er schaltete den Scheibenwischer ein und die Beamten sprangen von der Scheibe zurück. Die Chance nutzend fuhr er zügig davon.

Im Rückspiegel konnte Albert erkennen, dass die Italienischen Grenzbeamten alles andere im Sinn hatten als das klobige Wohnmobil zu verfolgen. Und wenn, dann sicher nicht wegen ihm, das verrieten ihm die zum Teil beachtlichen Ausbeulungen der Grenzeruniformen in der Schrittgegend.

„Auch gut, mit solchen Erektionen rennt ein italienischer Zöllner zweimal nicht.", dachte Albert zu sich selbst und verkniff sich eine schlüpfrige Bemerkung in Richtung der beiden Frauen. Albert Klönlein war sich noch nicht klar, ob er das unvermittelte Auftauchen der wirklich unfaßlich schönen Alexandra gut finden sollte oder nicht. Einerseits war Alexandra eine Erscheinung, die sogar einem ZEN-Mönch die Kutte verschoben hätte, andererseits hatte sich die Situation mit Constanze gerade so entspannt und vielversprechend entwickelt, dass er sich keine Unterbrechung wünschte. So seinen Gedanken nachhängend bretterte er weiter in Richtung Bergamo, Geschwindigkeitsbegrenzungen ignorierend, im Umgang mit größeren Transportfahrzeugen war er ja inzwischen bestens vertraut. Die weitere Fahrt verlief bis auf kleinere Plänkeleien reibungslos und erst als die kleine Reisegruppe schon Mailand hinter sich gelassen hatte mußte Albert das erste Mal anhalten um sich nach dem genauen Weg zum Lago Panetone zu fragen. Hierbei erwies sich Alexandra Ambra mit ihren Italienischkenntnissen als große Hilfe. Constanze bemerkte wohl die bewundernden Blicke die Albert entfuhren, wann immer die Schöne sich gewandt nach der richtigen Route erkundigte. Constanze Sämig war konsequenterweise schon ziemlich verstimmt als der riesige Camper die letzte Kehre zu dem kleinen Dorf San Migrano di Lago nahm, sich durch die schmalen Gassen quetschte und endlich in die Via Stronzo einbog. Wie ein großer Stier in der Arena stand das Wohnmobil gegenüber dem Häuschen, dass Albert aus dunkler Erinnerung als das seines Bruders identifizierte. Und wie im Kino sahen die drei durch die Scheibe des Campers die Szene, die sich vor Ihren Augen abspielte. Zwei Carabineri zerrten zwischen sich eine zeternde, unglaublich dicke Frau zu einem Alfa Romeo mit laufendem Blaulicht, stiegen in den Wagen und brausten davon. In der Eingangstür des Hauses lehnte eine hagere Männliche Gestalt, die sich vor Lachen auszuschütten schein. „Mmmmein B-b-bruder", stotterte Albert.

„Dritter Gang...Vierter Gang...Dritter...Zweiter" und dann schneller „Dritter..Vierter..Fünfter!" fast triumphal hatte der junge Polizist das letzte Wort ausgestoßen:
„Vierter...Dritter..ah und Leerlauf."
Der grünweiße Audi pausierte vor einer roten Ampel. „Erster.. Zweiter..Dritter..." Sicherlich blickte genervt zur Seitenscheibe hinaus. Wie pflegte sein bejahrter Kollege Schnauz immer zu sagen ‚Rupert, es kommt nichts besseres nach'. Heute hätte er ihm auf die Schulter gekloppt und ‚Richtig Hubert, so ist es' gesagt. Aber heute war er nicht mit Schnauz unterwegs, sonderen mit einem Grünschnabel, direkt von der Polizeischule, der jeden Schaltvorgang „Und Blinker links" jede Tätigkeit kommentierte, ganz so, als erwarte er Sonderpunkte für sein besonderes Geschick. Schnauz war offiziell auf Erholungsurlaub geschickt

worden. Er weilte jetzt irgendwo im Süden, wahrscheinlich Italien. Und er, Sicherlich „Und sachte abbremsen..Dritter..“ quälte sich durch die Innenstadt Nerburgs.

Im Präsidium war der Teufel los aber die anfänglichen Freude, den Trubel hinter sich lassen zu können, wich einem Gefühl magenaufreibenden Ärgers. Im Präsidium waren die Leute am Rotieren, seit dieser anonyme Brief auf Wiesners Tisch gelandet war. Ersten Ärger hatte es gegeben, als es darum ging, wer das Strafporto von 2,70 DM zu bezahlen hatte. Aber so richtig zünftig krachte es nachdem der Inhalt ans Licht kam. Während alle jetzt damit beschäftigt schienen, eine Strategie für irgendetwas zu entwerfen, gurkte er „vierter..“ durch Nerburg.

„Wenn Sie doch bitte in Richtung Nerburger Ring fahren würden.“

Den Ring konnte sein Fahrer dann solange im vierten Gang umrunden bis der Schichtwechsel Sicherlich erlösen würde.

„Und rechts Richtung Ring..Dritter..“

Sicherlich drehte das Funkgerät lauter.

„Vierter..oho!..es kracht!!“

Wie das Kaninchen auf die Schlange, so starrte der Jungpolizist auf den schnell größer werdenden Armeelastwagen. Mit der Sprache war dem Polizisten jegliche Aktivität abhanden gekommen. Sicherlich drückte sich in den Sitz, Sekundenbruchteile später vermengte sich das Grünweiß des Audi mit dem schmutzig Oliv des LKW. Die schnell wachsende Schar der Neugierigen ignorierend hievte sich Dornstich aus dem Wagen und humpelte auf seinen Kombatanten zu.

„Das wir teuer!“

Wutschnaubend umrundete Sicherlich den LKW. Er war eben damit beschäftigt, das hintere Kennzeichen zu notieren, als leise Jammerlaute an sein geschultes Ohr drangen. Sicherlich kletterte auf die Bordwand und schob die Plane zurück.

Zwischen allerlei Kisten, Planen und anderem Gerät lagen wohlverschnürt und nur mit schlabberiger Unterwäsche bekleidet, fast ein Dutzend Männer. Rupert Sicherlich mußte nicht zweimal hinsehen um festzustellen, dass die Gefesselten

Polizeibeamte waren. Die halblangen Unterhosen und die Langarm-Baumwollhemden, Qualität Feinripp, doppelt gekämmt in unaufdringlicher lindgrün/rohweiß Farbkombination kannte er nur zu gut. Vor ihm lagen Kollegen. Er war sich seiner Sache völlig sicher als er ein paar Gesichter wiedererkannte, mit denen er auf der Polizeischule so manches Magazin geleert hatte. Weiter kam er in seinen Gedankengängen nicht. Den dumpfen Schlag der ihm das Bewußtsein nahm empfand Sicherlich zusammensackend fast als Erlösung. Ein Soldat hatte kurzentschlossen gehandelt, als er bemerkt hatte welche Entdeckungen der Polizist gerade machte. Geradezu gelassen machte er Meldung:

„Verdächtiges Objekt kampfunfähig gemacht und zu unserem Vorrat gesteckt, Herr Feldwebel."

Der so Angeredete, ein kleinwüchsiger drahtiger Mann mit einem nervösen Zucken um die Augen, steckte sich gerade eine neue Zigarette ins Gesicht:

„Gut gemacht, Mann! Und jetzt holen Sie mir den zweiten auch noch. Aber bitte etwas unauffälliger!"

Der Unteroffizier verschwand mit einem weiteren Soldaten unter der Plane des LKW. Kurze Zeit später folgte der Nachwuchssheriff nicht ganz sanft geführt von dem beauftragten Soldaten. Dem breit gaffenden Unfallpublikum bot sich jetzt fünf Minuten groteske Ruhe und es kam zu ersten Unmutsäußerungen als endlich zwei Polizisten und der Feldwebel wieder unter der Plane erschienen. Keiner der Schaulustigen merkte, dass die beiden in den Streifenwagen Steigenden kurz vorher noch ganz andere Uniformen getragen hatten. Der nur an der Frontpartie etwas eingedellte grünweiße Audi startete, wendete und brauste davon. Kurz darauf setzte auch der tarnfarbene Laster natürlich behäbiger seine Fahrt fort. Zurück blieben an die dreißig Passanten die teils heftig diskutierten teils kopfschüttelnd die Szene verließen.

Mit einem behenden Sprung nach links gelang es dem aktenbeladenen Beamten dem heranflitzenden Rollstuhl auszuweichen. Mit schnellen, kräftigen Armstößen trieb der Besitzer sein Gefährt an und um die nächste Ecke. Der Beamte war wieder alleine im ewiglangen, düsteren Flur des Nerburger Polizeipräsidiums. Um den Schreck zu verdauen setzte er sich erst einmal auf eine Fensterbank, von der er wußte dass darunter eine Heizung eifrig bollerte. Beim vorsichtigen Niedersetzen, die Akten mußten in der Balance gehalten werden, warf er einen kurzen Blick aus dem angrenzenden Fenster. Eben bog ein Dienstfahrzeug in den geteerten Hof ein. Sekunden später entstiegen dem Auto zwei Polizisten, die zunächst etwas orientierungslos wirkten, dann aber scheinbar zielstrebig auf eine Eisentür zusteuerten und dahinter verschwanden. Der Aktenträger kannte diese Tür, sein Weg führte ihn selten dort hin, vielleicht lag das auch an dem was dahinter war.

Die Türe war erst kürzlich frisch gestrichen worden, und das Schild „Achtung Hundezwinger!" lag noch in der Werkstatt herum. Die aufsteigende Wärme genießend blickte der Polizist noch einmal zu dem Wagen zurück. Jetzt erst sah er, dass die Vorderfront eingedrückt, die Scheinwerfer glaslos waren. Wieder ein Fall für den Steuerzahler. Schwerfällig löste sich der nicht mehr ganz junge Mann von Brett und Heizkörper und wollte eben davonschlurfen als ihn ein „Achtung!" zusammenfahren und die Aktennotizen auf den Flur regnen ließ. Über dieses Blättermeer rauschte ein chromblitzendes Etwas, gefolgt von Männern in unauffällig auffälligen Anzügen, die fortwährend „Achtung!" brüllten, während einer dem rasenden Rollstuhlfahrer ein Funktelefon an die Backe preßte. Der Beamte war auf die Knie gefallen und versuchte der wild umherwehenden Papiermenge wieder Herr zu werden. Natürlich nicht ohne dabei elendig und lauthals zu fluchen. Irgendwo war wieder eine Türe auf und der hereingelassende Zug brachte mehr Leben in diesen Papierhaufen als dem Manne recht war. Auf allen vieren kriechend schnappte er nach jedem einzelnen Fetzen dem er habhaft werden konnte und übersah dabei den zurückkommenden Rollstuhl. ‚Ähnlich muß sich ein Wildschwein auf einer Autobahn fühlen' dachte der Beamte noch kurz bevor das Möbel ungebremst in ihn hineinfuhr.

Es dauerte einige Zeit, bis einige, durch den Tumult auf dem

Flur wachgerüttelte Beamte aus ihren Büros geeilt waren und das Knäuel von Körperteilen, Akten, Büromaschinen und verstreuten Papieren entwirrt hatten. Endlich hatte sich der Unfallauslöser wieder hochgerappelt. Er schnodderte los:

„Sie fahren ja vielleicht, nen heißen Reifen, wa? In ihrem Zustand sollte man ein wenig vorsichtiger durchs Leben rollen, meinen se nich?"

Der ramponiert im Rollstuhl hängende Mensch wurde zusehends röter. Doch noch bevor sich der Ausbruch ereignete sprang ein Angehöriger der Rollstuhlbegleiteskorte zur Hilfe:

„Sie haben dann ja wohl für heute genug heiße Luft abgelassen. Sie wissen wohl nicht wer da vor Ihnen steht..., äähhää," der Mann biß sich auf die Zunge, „sitzt, wollte ich selbstverständlich sagen. Das ist ihr allerhöchster Chef mein Lieber. Vor ihnen sitzt Bundesinnenminister Schüpfle!"

Der schrumpfende Polizist schwieg erschüttert und klaubte immer noch verlegen seine Papiere zusammen als der Rolli-Konvoi schon um die nächste Ecke gerauscht war. Langsam schlenderte er dem rasenden Troß hinterher. Nach einer Weile passierte er eine angelehnte Tür, hinter der, dem Stimmengewirr nach zu schließen der hektische Haufen verschwunden sein mußte. Da brach die alte Gewohnheit in ihm durch. Lang genug war er Volkspolizist in Berlin gewesen um zu wissen, dass gerade Informationen, die einen normal nichts angingen die wertvollsten waren. Wie zufällig hielt er in seinem Bummelgang inne und richtete sein spitzes Ohr gegen die angelehnte Tür. Diese Anstrengung war eigentlich überflüssig, der Herr im Rollstuhl sprach laut genug. Offensichtlich telefonierte er wieder.

„... was soll das heißen, sie können den Finanzminister jetzt nicht stören. Und wie sie können! Wenn Schüpfle will, geht alles. Wie bitte? Dann geben sie mir eben die Telefonnummer von diesem Massagesalon Lotos. Ja, ich warte."

Nach einer kurzen Pause hub die Stimme wieder an:

„Schüpfle hier, hält sich bei ihnen ein gewisser Herr Feigl auf? Der Herr ist Bundesfinanzminister."

Die Stimme bekam eine Färbung ins Peinlich-Ertappte:

„Ach Li Tseng, du bists. Äh, sag mal, ist der Tilo bei euch? - Das ist mir egal, dann unterbrichst du eben, hast du mich verstanden!?" Dem lauschenden Beamten war es leider nicht vergönnt einen Blick auf die Geschehnisse im Inneren des Raumes zu werfen. Deutlich hörte er aber ungeduldiges Fingertrommeln, das, so nahm er zumindest an, von Schüpfle selbst stammte. Er schob sich noch näher an den Türspalt, als der Minister wieder zu sprechen begann:

„Leo? Leo bist du dran? ... Ach Sie sind es Herr Staatssekretär Weidenfels. Ich wollte den Herrn Feigl, Feigl! Ihren Chef."

„Was heißt nicht da. Es ist mir egal ob er sie Ihnen für heute überlassen hat .. ja so viel ich weiß ist sie sauber, ja wiederhören!"

Schüpfle ließ den Hörer dermaßen heftig auf die Gabel niedersausen, dass das Plastikgehäuse rechts und links aufsplitterte. Zu allem Überfluß stellte der Minister bei dem Versuch, sich vom Schreibtisch abzustoßen auch noch eine gewisse Bewegungsunwilligkeit seines Gefährtes fest. Die Konstruktion hatte den Unfall doch nicht schadlos überstanden und zum Entsetzen aller waren Minister, Stab und Sicherheit plötzlich mit einem luftleeren rechten Reifen konfrontiert.

„Verdammt" entfuhr und dem Christdemokraten und „Oh je oh je" einem der umstehenden Anzugträger.

Flinker reagierten die routinierten Wachmänner.

„Der Krisenstab sitzt fest!"

Eine Herzfrequenz später hatte sich bereits ein Zweizentermann schützend auf den wehrlos sitzenden Minister geworfen.

Hinter jedem Rad des Vehikels lag gut verschanzt ein weiter Sicherheitsmann, die Pistole im Anschlag.

„Eine Luftpumpe schnell! Eine Luftpumpe für den Minister!"

„Himmel Herrgott, nehmt diesen fetten Sack von mir runter, ich ersticke!" brabbelte der kaum noch zu sehende Würdenträger in das gefütterte Baumwollhemd seines Beschützers.

„Was sagt er?"

„Er erstickt! Ein Beatmungsgerät für den Minister!"

Der lauschende Beamte konnte eben noch einem heranstürmenden Kollegen ausweichen, der, zwei Luftpumpen tragend, in das Zimmer hechtete.

Während einer der Leibgardisten sofort damit begann den Reifen aufzupumpen, was angesichts der hoffnungsvollen Überladung wenig Aussicht auf Erfolg hatte, griff ein Zweiter unter die menschliche Decke und förderte den krebsroten Kopf des Ministers zu Tage. Bevor der irgend etwas sagen konnte stieß im ein anderer die Luftpumpe in den Rachen und begann mit einer provisorischen Beatmung. Mit einem Kraftakt, den keiner der eher schmächtigen Gestalt zugetraut hätte löste sich Schüpfle von seinen Beschützern und begann, nur zwei Atemzüge später, so zu brüllen, dass selbst der Pförtner einige Stockwerke tiefer jedes Wort verstanden hätte, wäre er an seinem Platz gewesen. Sicher verstanden es aber zwei Polizeibeamte, die leicht lädiert den Hof betraten und auf einen beschädigten Audi zusteuerten.

„Seid ihr alle plemplem?!!! Militär, Revolution, Waldschlößchen!! Ich mach alle platt jetzt! Ein Telefon dalli dalli"

Die beiden als Polizisten verkleideten Soldaten hatten die Worte nicht nur verstanden, ihnen war auch klar, wer da in höchster Not gebrüllt hatte. Die ramponierten Gestalten hielten inne. Bei genauerem Hinsehen boten sie einen erschreckend armseligen Anblick. Die Polizeihunde hatten sich auf ihre Art mit den Fremdlingen beschäftigt, ihre Nasen konnte keine Uniformenmaskerade täuschen. Die beiden Männer tuschelten kurz und schienen sich zu beraten. Dann strebten sie zu einem zivilen Einsatzfahrzeug, einem funkelnagelneuen Daimler 300 E, sahen sich kurz um, stiegen ein, hantierten kurz und heftig an der Lenksäule und fuhren kurz darauf vom Hof der Polizeiwache. Keiner bemerkte den Abgang der beiden, am wenigsten Innenminister Schüpfle und sein um ihn versammelter Führungsstab. Nachdem man in dem Büro wieder notdürftig Ordnung geschaffen hatte, herrschte emsige Betriebsamkeit. Schüpfle telefonierte seit Minuten mit seinem Staatssekretär und erteilte in einer Geschwindigkeit Anweisungen, bei der andere schon beim Zuhören Probleme bekamen.

Noch erstaunlicher allerdings war der Inhalt der Telefonate. Der lauschende Beamte an der Tür hatte längst die Welt vergessen. Was ihm in diesen fünf Minuten an Intrigen und

Verschwörungen zu Ohren gekommen war, überstieg seine komplette dreißigjährige Erfahrung als Volkspolizist. Und dann meldete sich sein Gewissen. Was hier ablief war Verrat! Eine Wende hatte er noch klaglos hingenommen, war sogar selbst mit einer Flasche Faber Krönungssekt um die fallende Mauer getorkelt, aber was ihm hier offenbart wurde war eindeutig zu viel. Einmal verhonepipelt werden, war mehr als genug. Er ermannte sich und betrat, natürlich ohne anzuklopfen, das Büro. Ein halbes Dutzend Augenpaare blickten auf ihn, das Fallen einer Stecknadel wäre eine Explosion gewesen. Mit hochrotem Gesicht plärrte er los:

„Nur über meine Leiche! Niemals! Was Sie da vorhaben, ist die größte Schweinerei seit Wandlitz! Und wenn Sie tausendmal Minister und mein Vorgesetzter wären, ich werde alles tun um ihre miserablen Pläne zu vereiteln!"

Mit einem Zucken von Mitleid um den Mund schnarrte Schüpfle:

„Schon wieder er. Armer Idiot."

Und zu seine Leuten gewandt fuhr er fort:

„Schafft ihn weg. Und sorgt dafür, dass er nicht mehr redet."

Der Kanzler wandte sich gutgelaunt, nach einem halben Dutzend Tellern Eintopf, dem Schönling Schemel zu:

„Itzt geht's dann auf. Un'nd Sie sollen mein persönlicher Adjutant sein. Na, was sagen Sie? Da snd Sie pladd, was?"

Achim Schemel war platt. Er hatte bisher immer geglaubt Politiker hätten generell so etwas wie Stil und Lebensart. Jetzt saß er dem ranghöchsten Entscheidungsträger der Republik gegenüber und mußte feststellen, dass der ein äußerst gewöhnlicher Mensch war, verfressen obendrein, einfach nicht sein Umgang.

Während der flotte Frauenheld noch grübelte wurden die drei Zentner Lebendgewicht seines Gegenübers aktiv. Ehe er sich es versah, hatte ihn der Kanzler in seiner unnachahmlichen Art an der Schulter gepackt und mitgezerrt. Er taumelte ein kurzes Stück hinter dem Massigen her und fand sich dann in einem weiteren Zelt wieder, dass sich aber von den anderen durch eine ausgesprochen luxuriöse Einrichtung unterschied. Ein

Uniformierter plärrte unüberhörbar:

„Ihre Uniform, Herr Kanzler AdE!"

„A.D.?" murmelte Schemel.

„Architekt der Einheit" erklärte der Soldat knapp.

Während sich der korpulente Politiker umkleidete, Schemel erkannte mit Kennerblick sofort die hochwertige Seidenfütterung des Kampfanzugs, wies er die Umstehenden mit herrischer Stimme an:

„Bringn's auch noch a so eine schöne Uniform für dn Herrn da dort! Der is jtzt mein p'rsönlcher Adjudant!"

Zwei Augenblicke später riß man an Achim Schemel herum und im nächsten Moment stand der perplexe Playboy in seiner Unterwäsche da. Man hantierte an ihm herum und als er wieder bei sich war steckte er in einem wunderbar dezenten olivgrünen Ensemble aus reißfester Baumwoll-Outdoor-Faser.

Der Bundeskanzler klopfte ihm verbindlich auf die Schulter:

„So is fein. Komm ,se mit!"

Schon wieder mehr gezogen als gelaufen bewegte sich Achim Schemel auf ein Kettenfahrzeug zu, einen augenscheinlich zum Kommandostand ausgebauten Mannschaftspanzer. Man kletterte in das Fahrzeug, bekam Kopfhörer und Helme aufgedrückt und Sekunden später dröhnte des Kanzlers Organ aus den Hörmuscheln:

„Los gehts! Auf Se mit G'brüll!"

Der Panzer setzte sich in Bewegung. In diesem Moment bekam Achim Schemel Geräusche auf den Kopfhörer, die offensichtlich nicht dorthin gehörten. Es hörte sich an, als würde man ein Telefonat in italienischer Sprache abhören.

„... und dann seh ich doch, wie die alte Fettel in meinen Sachen ,rumstöbert. Da war es mir klar, dass die mir von der Mafia, der Mafia! ins Haus geschickt worden war! Na ja, und den Rest hab ich euch schon erzählt."

Mehrmals langte Adolf nach dem abgegriffenen, halbvollen Weinglas, ehe er es endlich zu fassen bekam.

„Hat jeder? Na denn Prost!"

Mit sichtlichem Wohlgefallen kippte er den süßen Rotwein in sich hinein. Während Albert darauf bedacht war mit seinem Bruder Schritt zu halten, hielten sich die beiden Frauen deutlich zurück. Constanze war auf dem Korbstuhl eingenickt und träumte von einem Himmelbett.

„Mensch Albert, die Überraschung ist dir gelungen!"
Adolf hatte diesen Satz bereits mehrmals lauthals intoniert, und er bedeutete nichts anderes, als dass eine neue Flasche Süßen Roten kurz davor stand entkorkt zu werden. Seit Stunden saßen sie in Adolfs Wohnschlafessküche und genossen die Ernte vergangener Sommer. Und seit Stunden erzählte Adolf Episoden aus seinem Leben, wobei er sich vornehmlich in die Rolle des geschickten Geschäftsmannes und Frauenlieblings zu setzen wußte. Womit aber der Bruder wirklich seinen scheinbar kargen Lohn verdiente blieb Albert schleierhaft.

„Das ist Bella Italia" lallte Adolf mit schwerer Zunge und meinte damit nur eine weitere Flasche schweren roten Weines, die er unter dem Tisch hervorgezogen hatte.

Sichtlich gelangweilt spielte Alexandra mit den Ringen an ihrer linken Hand. Albert versuchte ihr einen Handkuß zuzuwerfen, bohrte sich aber stattdessen die Finger ins rechte Auge.

„Ich glaube ich gehe zu Bett, wenn es den Herren nichts ausmacht."
Alexandra fischte die Autoschlüssel aus eine Weinpfütze.

„Ich liege oben!" rief sie im hinausgehen, was Adolf ein vorpupertäres Grinsen abverlangte.

„Mensch Albert, ein tolles Weib."

„Klar" grunzte der Erfinder.

Ein schönes Bild gaben die drei, Constanze schlafend in ihrem zu großen Korbsessel, je zu ihrer Seite die Brüder Klönlein, voll des süßen Rebsaftes und in der Mitte, ein mit Weinflaschen überladener Tisch.

Die Szenerie wurde teilweise vom Schatten einer Person verdeckt, die unbemerkt und in voller Größe im Zimmer stand. Zwei Paar glasiger Augen auf sich geheftet tönte sie:

„Hab ich dich .. du Terrorist!"

Hubert Schnauz sah aus wie der Rachegott aus einem drittklassigen

Hollywood-Schinken. Das Gesicht war rußverschmiert und das tarnfarbene Tuch das er als Stirnband trug stand im krassen Gegensatz zu seinem, den feisten Kugelbauch überspannenden, schweißigweißen Trägerunterhemd und gab der Figur eine eindeutig komische Note. Die beiden Betrunkenen brachen auch augenblicklich in lallendes Gelächter aus. Adolf Klönlein lief ein zäher Speichelfaden aus dem linken Mundwinkel. Constanze Sämig wurde halbwach, nahm aber, alkoholverschleiert nur die heitere Stimmung war, glaubte es wäre ein weiterer unanständiger Witz wiederholt worden, drehte sich um und nickte wieder ein.

Der Rächer wurde noch wütender:

„Euch wird das Lachen schon noch vergehen! Wenn wir erst wieder in Deutschland sind, werdet ihr mir alles bezahlen!"

Und zu Albert gewandt fuhr er fort:

„Wegen dir kleiner Laus hat man Hubert Schnauz vom Dienst suspendiert! Und das mir! Ich war fünfundzwanzig Jahre im Polizeidienst und ich erkenne einen Terroristen, wenn ich einen sehe!"

Albert mußte rülpsen. Ein fauliger Todeshauch wehte dem Ex-Beamten ins Gesicht. Der ließ sich nicht beirren:

„Ich laß dich vor ein deutsches Gericht stellen und dann kannst du in Einzelhaft schmoren bis du schwarz wirst!"

Um seine Worte zu unterstreichen fuchtelte Schnauz mit einem sicher vierzig Zentimeter langen Dschungelmesser vor Albert Klönleins Gesicht herum.

„Und jetzt hoch mit dir und schwing deinen faulen Arsch zur Tür hinaus! Wird's bald!?!"

Der Erfinder lachte den erregten Hilfsrambo noch immer selig an:

„Ohne mein B-b-bruder und mein Freundin Conschtanse geh' ich nirgends nich hin, geh'ich nich!"

„Du glaubst doch nicht im Ernst, dass ich deine Komplizen laufen lassen würde?" plärrte Schnauz und packte Albert Klönlein unsanft am Kragen.

Mit einiger körperlicher Anstrengung bugsierte er die beiden Volltrunkenen und die im Halbschlaf mitwankende Constanze aus dem kleinen Häuschen und verstaute die drei umständlich in seinem japanischen Geländewagen, der neben Paulis Wohnmobil geparkt war. Zufrieden mit sich schwang Schnauz selbst sich hinter das Lenkrad und fuhr mit quietschenden Reifen durch die engen Gassen des nächtlichen Italiendörfchens davon.

Hinter ihm, im geräumigen Wohnmobil rieb sich Alexandra Ambra die Hände und murmelte zufrieden vor sich hin:

„Na prima, das lief ja mal wie geschmiert."

„Himmelherrgott, jetzt hat ihr blöder Köter schon wieder auf den Läufer im Vorsaal geschissen!"

Graf von Todtenfeldt war außer sich, aber weniger vor Freude.

„Was bin ich froh wenn diese ganze Geschichte vorbei ist."

Verärgert stand er gestikulierend vor einem schweren Kaminsessel. Der Mann im Sessel, dessen Augen unter den buschigen schwarzen Brauen fast verschwanden versuchte einzulenken.

„Lieber Graf, haben sie bitte Geduld. Deutschland wird es Ihnen danken."

„Ich weiß, aber es ist, ach Gott das dauert."

Todtenfeldt ließ sich in den gegenüberliegenden Sessel plumpsen und blieb erstarrt sitzen.

„Kann es sein, dass Ihr Hund eben in diesem Sessel gesessen hat?" fragte er mit leiser Stimme.

„Ja, warum denn?"

„Weil er hinein gepisst hat, das Mistvieh!" brüllte der Blaublütige und sprang auf.

Am Gesäß zeichnete sich ein großer dunkler Fleck auf. Langsamen, bedrohlichen Schrittes näherte sich der Graf seinem Gegenüber

„Bringen Sie dieses verschissene Stück Fell irgendwo hin sonst..."

Ein Knurren und der Mann vom Hochadel bleib wie angewurzelt stehen, sein Redefluß versiegte. Etwa zwei Meter neben ihm hatte sich ein schwarzer Bullterrier aufgebaut und machte das, was man allgemein furchterregendes Zähnefletschen nennt.

„Edmund! Aus!" schwanzwedelnd trottete der Terrier zu seinem Herren und legte sich zu dessen Füßen.

„Sie müssen verstehen Herr Todtenfeldt, er mag mich einfach. Und manchmal ist so ein Schießhund schon von Nutzen für mich gewesen. Er beißt Sie schon nicht in die Waden."

„Scheißhund, paß auf dass er dich nicht mal beißt" flüsterte Todtenfeldt, laut sagte er:

„Ist ja gut, diese 48 Stunden werde ich auch noch überstehen. Wenn Sie mich noch brauchen, ich bin im angrenzenden Raum, in der Bibliothek."

Der Alleingelassene streichelte seinem Hund über das weißblaue Halsband.

„Guter Hund. Bald haben wir es geschafft".

Aus der Bücherei drang ein markdurchdringender Schrei.

„Meine Bücher. Diese Tülle hat meine Bücher angefressen!"

Der mitverantwortliche Hundebesitzer stand auf und schlug die Tür zum Nebenraum zu.

„Wen interessieren schon Bücher, ich brauche Zahlen und Prozente." Hund und Herr spitzen kurz die Ohren als es an der Haupttür leise klopfte.

„Herein!"

Ein absolut durchschnittlich aussehender Durchschnittsmensch, wenn man von seinen grellgelben Schuhen einmal absah, näherte sich in devoter Haltung dem Kamin.

„Schauen Sie ruhig nach oben, sonst laufen Sie mir noch ins Kaminfeuer, was gibt es?"

„Diva meldet die Eliminierung der beiden Zeugen."

„Gut, fangen wir an."

Der Körper des mageren Mannes, dem sein getreuer Hund unterwürfig die rechte Hand leckte, straffte sich und seine Augenbrauen zogen sich energisch zusammen. Knapp und präzise gab er dem gelbbeschuhten Lakaien Anweisungen:

„Ach ja, und dann schicken sie noch ein Telegramm an unseren Freund E.H. in Chile und sagen sie er solle sich ein Ticket besorgen, sein alter Job wäre bald wieder zu besetzen!"

Mit einer tiefen Verneigung zog sich der Diener lautlos zurück.

Der Mann erhob sich und verließ den Raum ebenfalls, der Hund wandte seine Aufmerksamkeit einem kirschbaumhölzernen

Beistelltischchen aus dem 17. Jahrhundert zu. Zielstrebig durchquerte sein Herrchen das Schloß und klopfte an einer Tür. Ein ärgerliches „Ja, bitte!« erklang.

Er trat ein.

Graf von Todtenfeldt stand vor einer Kommode, nur mit Hemd, halblanger Unterhose, Socken und Birkenstock-Pantoffeln bekleidet. Mit einem Gemisch aus Wut und Resignation seufzte er:

„Sie schon wieder! Was gibt es denn jetzt noch? Hat ihr dämlicher Köter endlich an ein Starkstromkabel uriniert?"

Die Augenbrauen des Eingetretenen unterstrichen sein verzeihendes Lächeln:

„Das lange Warten hat ein Ende! Ich habe soeben Anweisung gegeben. Plan Zellteilung läuft in diesem Moment an. Da dachte ich, es wäre jetzt vielleicht der richtige Augenblick ihnen für ihre Unterstützung danken."

Der Graf knurrte.

„Schon gut mein lieber Feigl. Zeit wurde es ja. Aber jetzt hoffe ich in aller erster Linie für sie, dass alles entsprechend ihren Wünschen verläuft. Doch jetzt, lassen sie mich bitte alleine!"

Mit diesen worten bugsierte der Adlige den mit Feigl Angesprochenen aus dem Zimmer. Dann streifte er sich eine frische bequeme Hose über und öffnete ohne anzuklopfen die Verbindungstür zum Nebenraum.

„Endlich, endlich, der Kretin hat mir soeben mitgeteilt es ginge nun endlich los, meine Teuerste. Bald ist alles durchgestanden."

Die Teuerste fuhr aus ihrer liegenden Position hoch und blinzelte dem Schloßbesitzer entgegen.

„Wie bitte? Entschuldigung, ich war eingenickt, was hast du gesagt?", fragte die Frau gähnend zurück.

Graf Todtenfeldt trat zu einem der hohen Fenster und öffnete es. Laue Sommernachtsluft strömte herein. Es roch würzig nach Wald, und ein wenig spermatisch nach den Pilzen die dort so ausgezeichnet gediehen.

„Annegret, es geht los. Nicht mehr lange und wir werden diesen ganzen Sumpf hinter uns haben.", wiederholte der Graf.

„Feigl war gerade bei..." Todtenfeldt unterbrach sich.

Ein Geräusch aus dem Wald machte ihn stutzig. Er war sicher es schon einmal gehört zu haben. Neunzehnhundertfünfundvierzig. Als die Amerikaner kamen.

Ein unüberschaubarer Konvoi aus Polizeieinsatzfahrzeugen quälte sich durch Nerburg stadtauswärts. In das nervige Gewimmer unzähliger Martinshörner mischte sich das rhythmische Klatschen dutzender Hubschrauber, die die Szenerie überflogen.
In einem dieser Helikopter hatte es sich der Minister bequem gemacht. Das heißt, er wurde mit seinem Rollstuhl in den Laderaum gekarrt und dort notdürftig verzurrt. Links und rechts standen seine Berater und hatten alle Mühe in dem schwankenden Raum das Gleichgewicht zu halten um nicht über den Minister zu stürzen.
„Wie weit ist es noch!" brüllte der Minister über das ohrenbetäubende Geräusch der surrenden Rotorblätter hinweg.
„Was?"
„Wie weit es noch ist?"
„Wer ißt was?"
„Wie weit!"
In Ermangelung von Papier zog der Minister einen Fünfziger aus der Tasche und kritzelte darauf ‚Wie weit noch bis zum Ziel?' und reichte diesen einem Mitarbeiter.
Der hob abwehrend die Hände und gab händeringend zu verstehen, dass dies wohl nicht richtig sei, ihm vor den Augen der anderen Geld zuzustecken. Was sollten die Kollegen denken.
„Sind denn hier nur Idioten im Flugzeug!" schrie der Minister und bekam zur Antwort:
„Ja ich habe ein Feuerzeug."
Wutentbrand riß er das gereichte Plastikfeuerzeug seinem Adjudanten aus der Hand und warf es aus der spaltweit geöffneten Schiebetür.
Von oben konnte man erkennen, wie sich aus allen Teilen Nerburgs Einsatzfahrzeuge ihren Weg durch den Verkehr bahnten. Auf der großen Ausfallstraße warteten bereits Polizisten um die Fahrzeuge in die richtigen Kolonnen zu lenken.
„Sind die alle deppäd!" Unteroffizier Regel beobachtete das

scheinbar endlose Vorbeiziehen der grünweißen Autos.

„Wo wollen die hin?"

Die Versuche der beiden verkleideten Soldaten, das Funkgerät des 300er Mercedes in Betrieb zu setzen waren kläglich gescheitert und so mußten sie tatenlos zusehen wie da draußen etwas scheinbar Großes geschah.

„Wir kommen nicht mal aus der Stadt raus, der ganze Verkehr steht"

„Vielleicht klappt's ja damit!"

Triumphierend hielt Hauptgefreiter Diermann ein Blaulicht mit Magnetfuß in den Händen.

„Mensch Diermann, wo hast denn das her?"

„War unter'm Sitz."

Mit quietschenden Reifen, Martinsgeheul und wild zuckenden Blaulicht löste sich der silbergraue Mercedes aus dem stockenden Verkehr.

Das kleine friedliche Waldschlößchen erinnerte indes eher an einen Truppenübungsplatz. Die buschigen hohen Augenbrauen des noch viel höheren Herrn bebten vor tatkräftiger Energie. Er lief durch die ehrwürdigen Gemäuer und gab kurz und prägnant mit tiefer Stimme nach links und rechts Anweisungen. Zusammen mit dem Butler verschwand er tuschelnd hinter einer Flügeltür. Kurz später tauchten die beiden hinter derselben wieder auf. Sie trugen jetzt hautenge schwarze Anzüge aus dunklem Wollstoff, die ihnen eine gewisse Ähnlichkeit mit Robin Hoods bunten Gesellen verliehen. Am breiten Gürtel baumelte bei beiden eine Taschenlampe und eine Sturmhaube von der Art wie sie häufig Bankräuber und Motorradfahrer benutzten. Sie schritten entschlossen auf das Eingangsportal zu und traten ins Freie.

Es bot sich ein Anblick, nur vergleichbar mit den Massenszenen von Hollywoodklassikern wie Ben Hur.

In unübersehbarer Zahl hatten sich ebenso schwarzgekleidete Gestalten im Schloßpark aufgestellt. Kaum wurden die beiden Gestalten für die Massen sichtbar, standen hunderttausend Schwarze wie ein Mann stramm. Die Szene hatte etwas Unwirkliches, alles geschah fast lautlos. Der Hagere mit den buschigen Augenbrauen löste sein Funkgerät vom Gürtel und flüsterte ins Mikrofon:

„Männer! Söldner! Freiwillige! Dies ist unsere Stunde! Ihr wißt was ihr zu tun habt! Ich verlasse mich auf euch! Deutschland verläßt sich auf euch! Für die D-Mark, auf!"

Hochempfindliche Hörgeräte in jedem linken Ohr ließ die Hunderttausend auch das leiseste Kommando verstehen.

Wieder drehten sich Hunderttausend wie ein Mann zur Seite, salutierten und machten sich geordnet auf in die rückwärtige Seite des Parks. Die Männer nahmen ihre Gewehre und Maschinenpistolen von der Schulter und strebten einem Fuhrpark der außerordentlichsten Kampffahrzeuge zu.

Hinter dem Schlößchen, auf dem Golfplatz, standen Stoßstange an Stoßstange, soweit das Auge reichte, mattschwarzlackierte Trabants. Trabbis in allen Variationen. Trabbis mit und ohne Dach, Kombi-Trabbis mit fünfmetriger Funkantenne, Trabbis mit aufmontierten Flugabwehrkanonen, Trabbis mit Anti-Panzer-Flugkörpern, eine Flut von schwarzlackierten Zweitaktern.

Mitten im Einsteigen, scheinbar aus heiterem Himmel, krümmten sich Hunderttausend wie ein Mann unter höllischen Schmerzen und griffen sich ans linke Ohr. Die Ursache dafür war auch für Menschen ohne Knopf im Ohr deutlich zu verstehen.

Wie aus einem gigantischen Megaphon tönte es über die Schloßanlage:

„Ist diß's Ding jetzt endlich eingeschaltet?"

Hunderttausend schwarze Männer fielen fast gleichzeitig auf die Knie. „Ah, ich glaub s funktioniert."

Einhunderttausend linke Hände rissen einhunderttausend Ohrstöpsel aus einhunderttausend trommelfellosen Ohren.

„Aber s iss so leise" grölte die Stimme während sich einhunderttausend Paar Hände schützend auf einhunderttausend Paar schmerzender Ohren legten.

„Weil Sie Idiot immer noch Ihren Kopfhörer aufhaben!" schrie eine andere Stimme dazwischen

„Meinen was?"

„Ihren Kopfhörer!"

Das Geräusch kurzes, heftigen Gerangels lag in der Luft als die Stimme wieder ansetzte:
„Hier spricht der.." und abrupt absetzte.
Etwa 3000 Meter entfernt hatte der Kanzler das Mikrophon fallenlassen „Das ist aber laut" brüllte er seinem Nebenmann ins zerplatze Trommelfell.
Der starrte an dem korpulentem Mann im grünen Tarnanzug empor „Lassen Sie uns diese Kerle angreifen. Gewarnt sind sie schon und wahrscheinlich auch gehörlos."

Hoch über dem Geschehen, nur wenige Kilometer entfernt kämpfte sich eine kanadische Wildente durch die Abgaswolken aus Nerburgs Schornsteinen.
Sie war reichlich spät gestartet und mußte noch tüchtig zulegen, wollte sie wieder Anschluß an ihren vorausfliegenden Schwarm finden. So ließ sie sich nicht ablenken, als dieses rote, an der Spitze silberfunkelnde etwa feuerzeuggroße Gebilde kurz ihre Flugbahn kreuzte, und der Schwerkraft gehorchend gen Boden raste. Wie anders verhielt sich dagegen eine weiße Möwe die gelangweilt dahinsegelte, ehe sie aus den Augenwinkeln ein Funkeln wahrnahm und in ungewohnter Greifvogelmanier diesem unbekannten Objekt hinterherjagte. Sekunden später hatte sie es eingeholt und stieg mit der Beute in höhere Luftschichten. Das Ding erwies sich als äußerst hart und gar nicht wohlschmeckend. Der Vogel drehte und wendete es, nur um es enttäuscht wieder loszulassen. Abermals fiel das Ding zur Erde.
Hätte es Augen gehabt, hätte es die vielen oliven Autos und Panzer gesehen, die sich langsam einem einsam gelegenen Schlößchen näherten.
Sicher hätte es auch den beleibten Mann gesehen, der wie ein Flaschenkorken in der Luke eines vorausfahrenden Panzers steckte. Mit zweihundert Kilometern pro Stunde schlug das Feuerzeug auf einen benzinverschmierten vollen Reservekanister und zündete ein letztes mal.
Die Explosion ließ Kanzler und General herumfahren
„Ich habe es gewußt. Die greifen an!"
Der Offizier griff nach seinem Sprechfunk:

„Großer Bruder an alle. Wir werden angegriffen. Feuer erwidern und Feind zerschlagen. Ende!"

Der Lärm des einsetzenden Panzer-Artillerie und Maschinengewehrfeuers machte jede weitere Unterhaltung unmöglich.

Minister Schüpfle fluchte wüst vor sich hin, wüster als es sich mit dem Namen seiner Partei eigentlich vereinbaren ließ. Der schmächtige Mann mußte wieder einmal knallhart erfahren was es hieß an den Rollstuhl, im wahrsten Sinne des Wortes, gefesselt zu sein. Als der Hubschrauber sich gefährlich nach links geneigt hatte und kurz darauf senkrecht nach oben geschossen war hätte sich der Minister beinahe in seinem eigenen Geschirr erdrosselt, mit dem er äußerst schlampig im Rollstuhl angeleint war. Der Pilot drehte wandte sich entschuldigend nach hinten:

„Sorry, da war so ein schräger Vogel, ne Ente oder so was. Da mußte ich natürlich ausweichen."

Minister Schüpfle wollte gerade klarstellen was er von übertriebener Tierliebe hielt, als ihm die Kinnlade wie gelähmt herunterfiel. Der Pilot erstarrte, wußte er wohl um die gelegentlichen Rückfälle des Behinderten. Im gleichen Moment begann sein Fluggerät gefährlich zu vibrieren und er war gezwungen wieder nach vorne zu sehen. Augenblicklich verstand er warum Schüpfle so schafsgleich glotzte. Vom waldigen Horizont vor ihm stiegen mehrere Detonationswolken nach oben, weitere Explosionen waren zu hören, Mündungsfeuer zuckte messergleich aus dem dunklen Untergrund. Instinktiv stieg der Pilot höher um einen Überblick über das Szenario zu bekommen. Das Schauspiel erinnerte an die übelsten Szenen die man inzwischen vom Balkan gewohnt war. Ein Halbmond aus Mündungsblitzen begrenzte einen Kessel in dem man durch die dichten Rauchschwaden schemenhaft erkennen konnte, wie eine große Anzahl schwarzgekleideter Menschen panikartig durcheinanderrannte.

Als der Helikopter noch höher stieg waren feine Adern im dunklen Waldgrund erkennen, in denen ein grünweißer Strom mit pulsierendem Blaulicht auf das Zentrum der Vernichtung zufloß.

Schüpfle hatte seine Fassung noch nicht ganz wiedererlangt, mit starrem Blick hauchte er:

„Landen, sofort landen. Und geben Sie den anderen den Befehl zum Anhalten. Das ist ja Wahnsinn!"

Mit der Detonation der ersten Granate war Leben in das Waldschlößchen gekommen. Die paramilitärisch gekleideten Männer stoben zum einen in alle Richtungen auseinander, andere versuchten einen klaren Kopf zu behalten und zwängten sich hinter das Steuer ihrer Trabants.

Bald war die Luft von Zweitaktgestank und sächsische Kommandos erfüllt. An mehreren Punkten sammelten sich Autos und Gestalten, wohl um einen Ausfall vorzubereiten.

Trotz alledem hatten die Bewohner der kleinen Schloßanlage noch Glück, denn die in Kampfeinsätzen ungeübte Bundeswehr schaffte es, das anvisierte Ziel mit ihren teuren Geschossen größtenteils zu verfehlen.

Die flogen weit ins Hinterland, den anrückenden Polizeikräften entgegen.

Im Schloß hatte sich der Graf an Annegrets Busen geflüchtet. Er hielt sich immer noch zitternd an sie gepresst als Feigl in das Zimmer marschiert kam.

„Sakra! Irgendwas läuft schief. Los, wir müssen alle in den Keller, bis wir die Lage draußen unter Kontrolle haben."

Die kleine Gruppe eilte die steilen Treppen hinab und gelangte in einen hellerleuchteten Raum. Von einem großen Tisch mit vielen Schaltern und blinkenden Lämpchen, einigen Telefonen und einem abgegriffenen Playboy Heft abgesehen war das Zimmer weitgehend leer. Für eine flimmernde, unangenehme Beleuchtung sorgten die zahlreichen Beobachtungsmonitore der Firma Robotron, die in drei der vier Wände eingelassen waren.

Überall auf dem Schloßgelände mußten Kameras versteckt sein, denn die Bilder zeigten die draußen vorherrschende Verwirrung aus den verschiedensten Blickwinkeln.

„Himmel, was ist das?"

Feigl deutete auf einen der Bildschirme. Im Halbdunkel war der verzweifelte Überlebenskampf eines offensichtlich angeschossenen Hubschraubers zu sehen. Die Maschine taumelte wenige Meter über dem Boden, und es hatte den Anschein, als versuche der Pilot, das Fluggerät noch wenigstes aus der Gefahrenzone heraus zu bekommen. Die an der Südseite des schloßeigenen Karpfenteiches gepflanzten hundertjährigen Eichen wurden ihm dabei zum Verhängnis. Der Helikopter verfing sich mit den Kufen im starken Geäst eines der Bäume. Jegliche Kontrolle verlierend kippte der Hubschrauber zur Seeseite ab und blieb in dieser ungünstigen Situation im Wipfel hängen. Mit einem Knall, den die Zuschauer zwar nicht hören, aber erahnen konnten, sprang die große seitliche Schiebetür auf und ein chromblitzendes Etwas fiel hinaus und versank augenblicklich in den Fluten des Weihers.

Das für einen Augenblick über den Kontrollbildschirm huschende und im Wasser untertauchende Glitzerding machte den Herrn im dunklen Dress mit den ebenso dunklen Augenbrauen stutzig. Seine aufkeimende Vermutung wurde zur Gewißheit als zwei Figuren wieder aus dem Weiher auftauchten und mit einiger Mühe einen Dritten aus dem morastigen Wasser zerrten. Dieser Dritte war augenscheinlich behindert, war doch an seinen schmächtigen Körper mit einigen Gurten ein Rollstuhl angezurrt.

Im Bunker wandte der dunkle Hagere den Blick unwirsch vom Kontrollmonitor ab. Seine rasierpinselähnlichen Augenbrauen zuckten heftig und wie unter Druck entfuhr ihm eine Bemerkung:

„Sakra, der Schüpfle! Was will denn der einfältige Naivling hier."

Graf von Todtenfeldt klopfte dem Hageren jovial-beschwichtigend auf die Schulter:

„Freuen sie sich doch, dass ihr Kollege hier ist. Der will halt auch ein bisserl an unserem Triumph teilhaben."

Die Miene des Hageren verfinsterte sich noch mehr:

„Schweigen sie doch stille! Glauben sie denn ich hätte diesen Fantasten in den Plan eingeweiht? Der glaubt doch seit seinem unglückseligen Knebelvertrag immer noch, dass wir ein einig Volk von achtzig Millionen Brüdern und Schwestern sind! Und nach Triumph sieht mir das Ganze momentan auch nicht aus! Haben sie eine plausible Erklärung für das was dort draußen vorgeht?"

Draußen näherten sich die Angriffsspitzen der Bundeswehrtruppen langsam dem Waldschlößchen. Dies war wohl weniger ihrem Kampfgeschick zuzuschreiben als der Tatsache, dass sie auf so gut wie keine Gegenwehr stießen.

Der kleine Teil der hunderttausend Verteidiger der sich noch mit unbeschadetem Gleichgewichtsorgan aufrecht fortbewegen konnte, war zwar verzweifelt zu den Kampftrabbis gerannt und hatte eiligst zu den Waffen gegriffen. Schon beim ersten Versuch aktiver Gegenwehr wurde dem Heer der Trommelfellosen schlagartig das Fehlen jeglicher Munition gewahr, eine Tatsache die einen Großteil der Verteidiger direkt in den Wahnsinn trieb.

Der Fakt, dass sie noch keinen einzigen Feindbeschuß zu vermelden hatten hielt die Bundeswehrverbände allerdings nicht davon ab, das Terrain um das Waldschlößchen mit einem Granatenteppich einzudecken. Weit hinten, in sicherer Entfernung zum einseitigen Kampfgetümmel, gab der Mann, der wie ein Kork im Turmluk eines Schützenpanzers stak, eifrig Befehle:

„Und jitzt will ich eine Gasse habn zum Schl'ss. Macht mir'n Korrid'r frei!"

Das offensichtliche Scheitern seiner Pläne ließ den sonst so beherrschten Finanzminister lauthals herumfluchen. Todtenfeldt mußte schon handgreiflich werden um den verärgerten Feigl zur Ruhe zu bringen.

„Jetzt beruhigen Sie sich endlich! Hören Sie doch einmal genau hin!" Feigl lauschte in die ungewohnte Stille hinein.

Die vor wenigen Minuten noch zitternden Grundmauern ruhten wieder fest auf dem Fundament. Feigl stürzte zum nächstbesten Monitor. Auf dem Schirm war ein Teil des Ostflügels der Gartenanlage zu sehen. Klumpen schmorenden, dampfenden Plastiks, ehemals stolze Trabants, und metertiefe Granattrichter beherrschten das Bild. Bewegungen waren nicht zu erkennen. Resigniert wandte sich Feigl vom giftig strahlenden Robotron

Schirm ab.

„Für einen Moment habe ich geglaubt, das alles war nur wieder ein Alptraum. Seit der Wende nichts als Alpträume, das hält keiner auf die Dauer aus."

Aber kaum war der hagere Mann wieder bei der Gruppe angelangt, hatte er sich auch schon wieder gefangen.

„Bringt mir diesen Schüpfle. Sofort!"

Das Feuer war eingestellt worden um die eigenen vorrückenden Einheiten nicht zu gefährden. Was der Dauerbeschuß nicht geschafft hatte, das vollendeten jetzt die in das Waldschlößchen einbrechenden Kampfpanzer. Sie walzten über die Jahrhunderte alten Mauern, durch liebevoll angepflanzte Hecken, über den englischen Rasen und den mittlerweile weit über 18 Löcher zählenden Golfplatz.

Die mit Skulpturen vergangener Epochen gesäumte Auffahrt zum Schloß war für sie ebensowenig ein Problem wie die steilen Marmorstufen des reichhaltig verzierten Lustgartens, der noch zu Zeiten Ludwig des I. angelegt worden war. Im Keller verfolgte ein totenbleicher, um Jahre gealterter Graf von Todtenfeldt die Zerstörung seines Familienbesitzes gleichzeitig an einem dutzend Monitore. An seinem Rücken vorbei wurde der mit Algen und Schlamm verdreckte Minister Schüpfle hereingerollt.

Aber Todtenfeldt hatte nur Augen für den dicken Mann, der eben auf einem Schirm zu sehen war. Ein Schützenpanzer fuhr vor das Portal und parkte auf den zwei neuen Mercedes S600 des Grafen.

In seiner Luke steckte eine gewichtige Person, der mehrere Soldaten halfen diese unbequeme Position zu verlassen. Sie wurde von einigen ranghohen Militärs begrüßt. Todtenfeldt versagte die Stimme.

Der Kanzler fühlte sich ausgesprochen gut. Irgendwie fühlte er, dass er die Lage endlich wieder einmal in den Griff bekommen würde. Einer der Offiziere wollte eben zu einer Meldung ansetzen als ihm eine unsicher klingende Stimme, die von überall zu kommen schien das Wort abschnitt

„Hände hoch! Hier spricht die Polizei! Sie sind umstellt!"

Wie um darauf eine Antwort zu geben schalteten sich die noch intakten Teile der Schloßverstärkeranlage ein, und eine sonore, bayerische Stimme tönte über das Gelände:

„Jetzt hat's den Grafen umgehauen. Sakra, Todtenfeldt, kommens doch wieder zu sich. Hot denn keiner ein Glas Wasser da?"
Drunten im Schutzbunker war Graf Todtenfeldt ob der Totalzerstörung seines Refugiums und Familiensitzes zusammengesunken und hatte dabei, im besten Sinne unbewußt, den Schalter für die Mikrofonanlage umgelegt. Der tiefe Dialekt der Stimme die über die Schloßanlage tönte, rief bei einem Mann eine ähnliche Reaktion hervor.
Der Kanzler zuckte zusammen und blickte gehetzt umher, um festzustellen, woher die vertraut gefürchtete Stimme denn käme. Er verfiel kurzzeitig in eine Art hilflose Orientierungslosigkeit. Alles was des Kanzlers Augen erkennen konnten waren eine Menge durcheinanderwuselnder Soldaten und inmitten dieses Ameisenhaufens ein ruhender Pol, offensichtlich der Mann, dem hier alle gehorchten, hochdekoriert, mit vielen Sternen auf den Schultern. Welcher Rang genau wußte der Kanzler nicht, er kannte sich in diesen Dingen nicht so genau aus. Von der Person zu der die Stimme gehörte noch immer keine Spur. Der Kanzler setzte automatisch den verständnisvollen Blick auf, den er sich sonst für Bundestagsdebatten und Fernsehdiskussionen zurechtgelegt hatte, wenn ihm jeder Durchblick und Sachverstand schon längst entflogen war.
Just in diesem Moment durchbrach ein buntbemalter Kleinbus mit der grellen Aufschrift Dynamit die Kette der Militärfahrzeuge und raste, gefolgt von einem dunkelgrünen Porsche 911, auf den Schloßteich zu. Während dem Sportwagen gemächlich der uns bekannte Pressefotograf Torsten Fahrspitz entstieg und seine Nikon entsicherte, wurden an dem Kleinbus sämtliche Türen aufgerissen und drei Medienfritzen polterten heraus.
Ein kleines blasses Mädchen rannte mit einem Mikrofon in der Hand direkt auf den Hochdekorierten zu, die beiden schwerbeladenen Männer folgen so schnell es nur eben ging.
Die TV-Journalistin plapperte los:
„Herr General, wie erklären Sie sich den ganzen Schlamassel und

was sind ihre Lösungsansätze?"

Der Uniformierte hatte gerade Luft geholt um eine der üblichen Floskeln abzulassen die er für solche fälle parat hatte, da drängte sich das picklige Mädchen energisch vor die Kamera die inzwischen eiligst aufgestellt war:

„Finden Sie diese Aussage nicht, besonders wegen ihrer Inhaltlosigkeit, unangebracht zynisch?"

Der Kanzler verfolgte immer noch konsterniert die Szenerie. Seit die Presse jedoch aufgetaucht war, begannen seine grauen Zellen wieder zu werkeln. Er war hier der Kanzler. Er war die Nummer Eins. Und diese Schwachköpfe rannten erst zu diesem uniformierten Proletarierlackel.

Lautstark begann er seinem Unmut Luft zu machen:

„Was soll jitzt d'ss! Ich bin hier dr B'ndeskanzl'r! Dr Ade! Ich d'lde keine R'volution. All's hört ‚uf mein Kommando!"

Das Geplärr des dicken Pfälzers fiel auf überlastete Ohren, denn abermals schallte der bayrische Akzent, gewürzt mit einen Schuß Schwäbisch über das Gelände.

„Sakra Schüpfle! Sie Mordsdepp haben es geschafft die Planung von Monaten in Sekunden zu zerstören! Noch wenige Tage, und alles wäre wieder beim Alten gewesen, ein Herüben und ein Drieben, Arm und Reich, Glücklich und, und Sie wissen schon. Aber stattdessen kommen Sie so mir nichts dir nichts hereingerollt, die halbe Nato im Schlepp und machen alles kaputt! Der deutsch-deutsche Teilungsvertrag war schon aufgesetzt, bis Sie kamen!"

Schluchzen war zu hören, das aber von einer messerscharfen, eindeutig zu Schüpfle gehörenden Stimme, abgeschnitten wurde:

„Weil der Herr Finanzminister Feigl auch immer sein eigenes Süppchen kochen muß, bayerischer Dumpfbolzen. Hätten Sie was gesagt, hätten wir das schon geschaukelt. Glauben Sie mir, jedem wäre es lieber, könnten wir wieder zurück, sogar dem Dicken, der hat sich ja gründlich verplappert mit seinem ‚Keinem wird es schlechter usw'. Heute die Teilung, morgen die Wiederwahl!"

Eine kleine Pause später war Schüpfle wieder, diesmal etwas nachdenklich, zu hören:

„Was heißt hier, ich hätte die Nato mitgebracht? Das ist doch noch gar nicht mein Ressort."

„Dann schauen Sie doch auf die Monitore, überall Soldaten, ach hätten wir die doch nach Bosnien oder Mogadischu geschickt. Da, da und da überall. Sogar vor dem Portal, auf den Luxuskarossen unseres Grafen steht so ein Ungetüm von Kraus Maffei. Und wer ist der fette Sack daneben? Natürlich der.."

Die Stimme erstarb. Für einen Moment lastete eine klagende Stille über dem Gelände.

Der Kanzler versuchte angestrengt nachzudenken. Langsam verflüchtigte sich der Schleier in seinem Gedächtnis.

Aus ‚Die kenne ich' wurde ‚Die kenne ich gut', dann ‚Die kenne ich von der Arbeit und von Hannelores Kaffeekränzchen' und es dauerte nur noch wenige Minuten bis dem Kanzler klar wurde, was und wen er da eben gehört hatte.

Jetzt nur keine Presse, gottlob hatte ihn vorhin niemand gehört. Was er jetzt brauchte, das war ein Platz, wo er die ganze Geschichte aussitzen konnte. Aber besser wäre es noch, er würde Feigl und Schüpfle mitnehmen und mit ihnen gemeinsam aussitzen. Das immer noch herrschende Tohuwabohu ausnutzend drückte sich der massige Mann in den Schatten des Portals und war Sekunden später im Gebäude verschwunden.

Er folgte den einzigen Geräuschen hinab in den Keller.

So sachte und leise wie es ihm mit seinen drei Zentner Lebendgewicht möglich war, tastete sich der bundesdeutsche Regierungschef die dunkle Treppe hinunter. Er fühlte sich zunehmend sicherer. Dunkel und feucht. Zurück in den Mutterleib. Weit weg von all dem Wahnsinn der ihn jetzt schon seit über zehn Jahren umtoste. Irgendetwas jedoch war anders als damals in Mamas Schoß. Da brummelte keine dunkle Stimme hinter etwas was sich exakt anfühlte wie eine kalte stählerne Brandschutztür.

„Was is jitzt diss? B'n ich jitzt aff eimal taub gewoddn?"

Selbst in seinen Gedanken verfiel der massige Pfälzer in seinen angestammten Dialekt. Gleich darauf hatte er in gewohnter Koordinationsschärfe die Ursache seines Gehörverlustes ausgemacht und riß sich die Panzerhaube mit dem dazugehörigen Kopfhörer herunter. So ging es besser.

Der Kanzler presste die linke Ohrmuschel gegen das kalte Metall. Gerade rechtzeitig um den sonst so schmächtig wirkenden Schüpfle als tosenden Schreihals erleben zu können. Der plärrte sein Gegenüber geradezu nieder:

„Ja, glauben Sie denn ich rede von einer Wiederwahl des Dicken? Ja Sie bajuwarischer Pfennigzähler!! Hätten die Wessis gewählt! Ha! Mich! Den fähigsten Kanzler seit Bismark!"

Schüpfle stand das Glühen des Wahnsinns im Blick. Im nächsten Moment stand der Kanzler in der Mitte des bunkerartigen Raumes und presste in einer Mischung aus Wut und Verständnislosigkeit zwischen den Zähnen hervor:

„W's soll jitzt diss?!"

Albert Klönlein lenkte wie in Trance das klobige Wohnmobil über holperige Waldwege, genau in die Richtung die ihm Alexandra Ambra mit scharfer Stimme präzise wies. Er steuerte fast automatisch und sein Geist beschäftigte sich eigentlich noch vollständig mit den fast unglaublichen Ereignissen der letzten 48 Stunden. Als er langsam mit pochenden Schädel aus seinem Rotweindelirium zurückkam hatte er eine komplett veränderte Situation vorgefunden. Man befand sich mit dem Wohnmobil auf so etwas wie einem privaten Sportflugplatz, Meister Schnauz lag gefesselt im Rückraum des Campers. Kurz darauf landete ein Privatjet. Drei Männer entstiegen dem Flugzeug und saßen kurze Zeit später auch im rückwärtigen Teil des Autos. Einer der drei, ein kleines altes Männchen, war Albert seltsam vertraut erschienen. Er hatte allerdings keine Zeit lange darüber nachzugrübeln, denn Alexandra Ambra befahl ihn mit einer Stimme die keinen Widerspruch zuließ ans Steuer und seitdem fuhr er mit dem verdammten Camper durch die Weltgeschichte.

„Sakra! Der AdE..."
Feigl verdrückte sich dezent nach hinten, ehe ihn die kalte

Betonwand stoppte.

Schüpfle starrte den im Türrahmen stehenden Kanzler aus irren Augen an. Speichel troff aus seinem rechten Mundwinkel.

„Ich wüdd sag'n, der Lotse rollt von Bord" murmelte der Kanzler und es gelang ihm trotz seines Dialektes dabei drohend zu wirken.

*

„Und in Wandlitz, da krieg ich dann wieder meine goldenen Toilettenschüsseln" das alte Männchen starrte seinen Begleiter zur Linken an. Der lächelte und nickte zustimmend.

*

Die Polizeieinheiten hatten sich endlich entschließen können das Schloßgelände zu erstürmen. Wild knüppelten sie auf die überraschten Soldaten ein, die den Feind schon bezwungen glaubten.

Die Gelegenheit nutzend flohen unzählige schwarz gekleidete Männer über die Mauern.

*

„Und einen Volvo, einen schwarzen Volvo bekomme ich auch wieder?" Der Mann rechts von ihm nickte.

*

Die junge Frau drückte sich am Kanzler vorbei in den Kellerraum.

„Dreh, dreh, dreh" rief sie.

Dies galt einem ergrauten Kameramann der schwitzend und schnaufend hereinstolperte, einen in Kabeln verstrickten jungen Mann im Schlepp.

Japsend brach der Kameramann zusammen. Die junge Frau bemerkte diesen Vorfall überhaupt nicht, sie starrte wie gebannt auf eine im Raum stehende Person.

„Froiler!" hauchte sie kaum hörbar.

Die Frau riß sich die Bluse auf und mit blankem, leicht wippendem Busen sprang sie auf die lädierte Gestalt zu.

„Nimm mich du sozialistischer Büffel!"

*

„Und dann werden wieder tausende von Mitbürgern warten und bunte Fähnchen schwenken. Und Kolonnen werden marschieren, mit Fahnen und ich werde eine Rede halten" das alte Männchen zerdrückte eine Träne und merkte gar nicht, wie ihm der Mann zur Linken eine Beruhigungsspritze durch den Stoff in den Oberarm drückte.

*

Die kurze Verwirrung hatte eine attraktive Rheinländerin genutzt um mit einem eleganten Hüftschwung aus dem Bunker zu entschwinden.

*

Die meisten Soldaten versuchten prügelnden Polizisten auszuweichen, die Polizisten versuchten ausweichende Soldaten zu prügeln.

*

Schüpfle starrte den Kanzler an, der jetzt mitten im Raum stand.

Schüpfle tastete sich nach seinen Antriebsreifen und spannte die Muskeln. Er fixierte die massige Gestalt des Parteichefs.

Schüpfle griff an.

*

Während sich langsam aber sicher das Schlachtenglück unverständlicherweise den schwarzgekleideten Kampfgesellen zuneigte, entstiegen dem Wohnmobil drei großgewachsene, breitschultrige Männer in dunklem Tuch und geleiteten oder besser führten einen sehr kleinen, sehr hinfälligen, sehr alten Mann zum Eingang des Bunkerkomplexes.

Wenn man genauer hinsah, konnte man sogar bemerken, dass einer der drei Bodyguards eine Infusion hochhielt, deren Schlauch irgendwo im Jackenärmel des bemitleidenswerten Greises verschwand.

*

Der Kanzler war unter der Wucht des Aufpralls eines Sportrollstuhls samt darinsitzendem Schüpfle zu Boden gestoßen worden.

Fast grotesk war es wie sich der Behinderte vom Oberschenkel des Kanzlers aus immer näher an dessen Geschlechtsteil heranbiß.

Der wiederum versuchte sich zu wehren indem er einerseits sein

Gesäß so fest wie möglich zusammenpreßte, andererseits mit der linken Hand daranging Schüpfles Nase abzureißen und mit der rechten auf die tauben Füße des Rollstuhlfahrers einschlug.

Im einer entfernteren Ecke des Bunkers trafen eine wild-nymphomanische Journalistin und der mehr als übertölpelte Stasichef Froiler alle Vorbereitungen für einen sehr heftigen und sehr kurzen Geschlechtsakt.

Annegret Ritter biß sich vor Aufregung die Fingernägel, während sie zitternd vor Erwartung an den Stufen des Bunkerkomplexes wartete. Da waren feste Tritte zu vernehmen, die schnell die Treppe herabkamen. Die drei großgebauten Leibwächter hatten nur leichte Probleme den mitleiderregenden Greis die Treppe hinabzubugsieren. Die Begrüßung war knapp.

Mit bebender Stimme sprach die Rheinländerin den Alten an:

„Es ist zwar ein wenig anders verlaufen als Geplant, aber alles ist bereit, Herr Staatssekretär."

Der Angesprochene nickte nur matt.

Die Gruppe betrat den Kommandoraum des Bunkers.

Augenblicklich lies der Kanzler von den blutigen Resten Schüpfles Nase ab, Schüpfle seinerseits lockerte seinen Biß in den Hodensack des Kanzlers und starrte ungläubig auf den Greis.

Annegret Ritter strebte geradewegs zu der Mikrofonanlage, drückte zwei Knöpfe und hielt dem kleinen Männchen das Mikrofon unter die Nase. Mit einem dünnen Stimmchen, das ebensogut einem sächsischen Schulkind gehören konnte wisperte der Alte langsam aber bestimmt:

„Wir haben letztendlich gesiegt. Dodgesaachde leeben lenger. Hoch lebe der S....!"

Der Rest ging unter in einem tierhaften Schreien verursacht durch zwei gleichzeitige multiple Orgasmen. Noch lange klang allen Anwesenden die schrille Stimme der Journalistin des Magazins „Dynamit" in den Ohren: „Mann, war das guuuuuuut...."

Bernhard Müller
&
Christian Baumeister

Holzer ist in Teilen auch als mp3 verfügbar - gestammelt von den Autoren.

Demnächst als BoD

Band 2 der Holzer-Trilogie:
        „Hepp Hepp"
Band 3 der Holzer-Trilogie:
        „Freilassung für Fritz"

Über dieses Buch:

Ja es ist alles wahr! ER mußte letztendlich dem Niedersachsen den Weg freimachen damit nichts an die dumpfe Öffentlichkeit gelangte.
Schüpfle bekam einen neuen Rollstuhl und Feigl einen Deutschkurs.

Baumeister&Müller studierten abwechselnd in Irland und da wurde die Idee geboren einfach zusammen eine kleine Geschichte in 100 Folgen zu schreiben - Vorgaben gab es keine, ausser dass keine Folge länger als eine Seite sein durfte. Zu Beginn versuchte natürlich ein jeder dem anderen seinen Handlungsstrang umzumodeln.

Die Disketten wurden dann per Post zwischen der Insel und Deutschland hin und hergeschickt - Internet gab es 1994 noch keines. Zumindest für alle.

Nachdem 80 Seiten geschrieben waren einigte man sich nach zähen und aufreibenden Verhandlungen darauf wie die Geschichte ausgehen könnte.
Natürlich spielen aktuelle Ereignisse von damals, sowie ehemals bekannte Personen eine große Rolle im Holzer.

Rückblickend - jetzt 2008 - kann man sagen:
Wir haben es schon immer gewußt.

Die Autoren

Wer einen Rechtschreibfehler findet darf ihn behalten.

a burning tail book